中华当代学术著作辑要

企业的产权分析

费方域 著

商务印书馆

图书在版编目(CIP)数据

企业的产权分析/费方域著.—北京:商务印书馆,2023
(中华当代学术著作辑要)
ISBN 978-7-100-21647-0

Ⅰ.①企… Ⅱ.①费… Ⅲ.①企业产权—研究 Ⅳ.①F271.2

中国版本图书馆 CIP 数据核字(2022)第 165580 号

权利保留,侵权必究。

中华当代学术著作辑要
企业的产权分析
费方域 著

商 务 印 书 馆 出 版
(北京王府井大街36号 邮政编码100710)
商 务 印 书 馆 发 行
北京市十月印刷有限公司印刷
ISBN 978-7-100-21647-0

2023 年 11 月第 1 版　　开本 710×1000　1/16
2023 年 11 月北京第 1 次印刷　印张 12¾
定价:68.00 元

中华当代学术著作辑要
出 版 说 明

学术升降,代有沉浮。中华学术,继近现代大量吸纳西学、涤荡本土体系以来,至上世纪八十年代,因重开国门,迎来了学术发展的又一个高峰期。在中西文化的相互激荡之下,中华大地集中迸发出学术创新、思想创新、文化创新的强大力量,产生了一大批卓有影响的学术成果。这些出自新一代学人的著作,充分体现了当代学术精神,不仅与中国近现代学术成就先后辉映,也成为激荡未来社会发展的文化力量。

为展现改革开放以来中国学术所取得的标志性成就,我馆组织出版"中华当代学术著作辑要",旨在系统整理当代学人的学术成果,展现当代中国学术的演进与突破,更立足于向世界展示中华学人立足本土、独立思考的思想结晶与学术智慧,使其不仅并立于世界学术之林,更成为滋养中国乃至人类文明的宝贵资源。

"中华当代学术著作辑要"主要收录改革开放以来中国大陆学者、兼及港澳台地区和海外华人学者的原创名著,涵盖语言、文学、历史、哲学、政治、经济、法律、社会学和文艺理论等众多学科。丛书选目遵循优中选精的原则,所收须为立意高远、见解独到,在相关学科领域具有重要影响的专著或论文集;须经历时间的积淀,具有定评,且侧重于首次出版十年以上的著作;须在当时具有广泛的学术影响,并至今仍富于生命力。

自1897年始创起,本馆以"昌明教育、开启民智"为己任,近年又确立了"服务教育,引领学术,担当文化,激动潮流"的出版宗旨,继上世纪八十年代以来系统出版"汉译世界学术名著丛书"后,近期又有"中华现代学术名著丛书"等大型学术经典丛书陆续推出,"中华当代学术著作辑要"为又一重要接续,冀彼此间相互辉映,促成域外经典、中华现代与当代经典的聚首,全景式展示世界学术发展的整体脉络。尤其寄望于这套丛书的出版,不仅仅服务于当下学术,更成为引领未来学术的基础,并让经典激发思想,激荡社会,推动文明滚滚向前。

商务印书馆编辑部

2016 年 1 月

序　　一

　　从20世纪80年代中期到现在,有关企业产权和组织制度的经济学理论(本书把它叫做"产权经济学")一直是被目为"显学"的经济学里最为热门的一个分支。这种情况看来是由两方面的原因造成的:一方面,在计划经济的年代里,强调公有制条件下没有产权问题,一说产权就被看作"鼓吹私有化",大有禁区触雷的危险。这种压制与禁锢,造成了一种逆反心理。另一方面,人们关心产权问题,乃是出于推进企业改革的需要。正如中共十四届三中全会《中共中央关于建立社会主义市场经济体制若干问题的决定》所指出的,国有企业改革所面临的第一项任务,就是"明晰产权"。正是出于解决现实问题的需要,人们积极探索与企业产权有关的各种问题。而对海外产权经济学论著的介绍和对有关问题的探讨,的确也为企业改革提供了很大的帮助。

　　但是最近十年来我国经济学界关于产权问题的讨论并不是没有缺点的。我感到它的一个明显的缺点是,大多数论著比较多的是介绍"产权经济学"的开山祖师如R.科斯、A.阿尔钦、H.德姆塞茨早先提出的一些基本假说,而对后来者立足于信息经济学或激励理论等经济学新进展的进一步分析则较少涉及,更谈不到对它们作更深入的探究了。理论研究这种从总体上说浮而不深、粗而不细的状况,对改革实践也造成了某些消极影响。例如,使人认为企业改革的要义,只在于解决产权问题,而只要企业产权问题得到解决,经济改革也就大功告成了,于是促成了诸如"一股就灵""一卖就灵"等简单的想法和做法。

最近几年，随着我国企业改革和企业理论研究的深入，开始出现了一些更具有分析深度，甚至在理论上有所创新的企业理论著作。但理论要做到博大精深，贵在站到巨人的肩膀上。在爬梳整理前人的理论成果方面，似乎还没有看到有多少鸿篇巨制。费方域君这部著作可以说填补了这方面的空白。在我看来，它的优点首先在于对已有的文献作了系统的整理、比较和分析，为产权经济学的整个源与流提供了十分清晰的图画。他把西方国家产权理论的发展划为传统的和现代的两个阶段，运用现代产权经济学的最新成果，特别是不完全合同理论的分析工具，对前后相继或相互辩驳的不同理论流派的来龙去脉和优劣异同作了细致的比较分析。在此基础上，他进一步探讨了我国企业改革和企业发展所面临的一系列重大理论和实际问题，如什么是企业改制中产权归属的基本原则，如何解决"内部人控制"问题等，提出了许多中肯的意见。

如果说这本书作为60年来有关文献的批判总结还有什么不足，我觉得就在于它偏重于讨论当前主流派的观点，而对非主流派的观点论述得不足。例如，对于当前一种引人注目的非主流观点，即认为公众公司的经理人员不能只对股东(stockholders)负责，他们还应当对所有的利益相关者(stakeholders)负责，本书就只在第三章第4节中作了简短的介绍和论证。这种非主流观点的代表人物是布鲁金斯学会的 M.布莱尔。她在1995年出版的《所有和控制：21世纪公司治理结构的再思考》一书中对主流派的产权观念提出挑战，认为公众公司的执行人员(经理人员)应当对一切多少承受公司经营风险的利益相关者，包括雇员、贷款人、供应商、顾客以及所在社区的居民负责；而且，由于组成所有权的一束权利在现代公司中已经分散到不同的利益相关者手中，以"所有制"作为分析公司治理结构的出发点，只会起误导作用。根据这些分析，她在书中提出了改革美国现有公司治理结构的建议，包括进一步提高公司经济活动的公开性,鼓励职工持股等。布莱尔的观点在西方国家引起了热烈的争论。在争论中,她进一步发展了上述基本观点,形成了自己的团队生产理论。我并不是布莱尔观点的完全肯定的支持者,但是认为她对某些产权经济学家过分强调物质资本的作用(例如德姆塞茨就明确地提出,最有资格充当所有者即合同执行的监控者和剩余收入的索取者的是厂房、设备的投资者)的批评,是有道理的。特别是在人力资本的作用日益突出的领域内,吸收起决定性作用的员工参股,显然是改善企业的治理结构的一种必要选择。如果费方域君能够对这类与当前我国的企业改革和发展密切相关的问题作更多探讨,肯定能使这本书更为生色。

吴敬琏
1998 年 7 月 25 日

序　　二

《企业的产权分析》是费方域教授潜心研究现代企业理论和产权理论后奉献给读者的一部力作。他将书稿寄给我，希望我写一个序言。在仔细阅读他的书稿后，我同意写这个序言，向读者推荐这本书，因为在我看来，这本书算得上是国内出版的同类作品中的上乘作品之一，不仅包括了其他著作中没有的最新的理论文献介绍，而且融会着作者本人的很有价值的研究成果，值得所有对企业理论和中国企业改革感兴趣的读者一读。

本书中研究的是这样三个问题：（1）在众多有关企业的问题中，什么是企业最基本的问题？（2）在众多有关企业的理论中，什么是最适宜回答企业基本问题的企业理论？（3）在众多有关企业改革的方案中，什么是最通达、最切实的思路设计？费方域教授通过大量的文献引证和理论分析，对上述三个问题给出了自己的答案。我在此没有必要重复他的答案。下面，我仅对与第二个问题有关的企业理论的发展谈点看法。

企业理论是过去二三十年间主流经济学中发展最为迅速、最富有成果的领域之一，它与博弈论、信息经济学、激励机制设计理论及新制度经济学相互交叉，大大地丰富了微观经济学的内容，改进了人们对市场制度及企业组织运行的认识。

现代企业理论是在对新古典经济学的反思和不满中发展起来的。我们知道，新古典经济学的厂商理论将企业当成一个生产函数，一种投入与产出的关系,假定企业有一个人格化的行为目标——利润最大化。现代企业理论是从个人交易行为的角度理解企业,将企业看作是个人之间交易产权的一种合作组织,是有一系列契约(合同)的契约网络,企业行为是所有企业成员博弈的结果。

科斯于1937年发表的《企业的性质》一文,被公认为是现代企业理论的开山之作。从20世纪70年代开始,科斯开创的理论沿着两个分支发展,一是交易成本理论,二是委托代理理论。交易成本理论的着眼点在于企业与市场的关系,委托代理理论则侧重于分析企业内部组织结构及企业成员之间的代理关系。这两种理论的共同点是都强调企业的契约性,故一般将现代企业理论称为"企业的契约理论"。

20世纪80年代后期,交易成本理论的一个重要的突破是格罗斯曼-哈特-莫尔 Grossman-Hart-Moore 的"不完全合同理论"。这一理论认为,产权安排的重要性来自合同的不完全性。合同为什么不可能完全呢?因为人们不可能事前预料到未来所有可能出现的情况;或者,即使预料到了,也不可能写出来;或者,即使写出来了,也由于法院无法证实和监督成本太高而无法执行。当合同不完全时,就出现了一个问题:当合同中未预料到的情况出现时,谁说了算?这就是所谓的"剩余控制权"或所有权问题。由于控制权只有通过对物质资产的控制才能实现,故格罗斯曼-哈特-莫尔 Grossman-Hart-Moore 又将企业所有权定义为物质资产的控制权。所有权之所以重要,是因为当存在由关系性投资导致的"套牢"问题时,它影响当事人事后讨价还价的地位,从而影响事前的投资决策。特别地,剩余权利对购买方来说是一种收益,而对另一方却是一种损失,这就不可避免地造成激励机制的扭曲。因此,一种有效率的所有权安排必须是购买者激励上所获得的收益能够充分弥补售出者激励上的损失。一般来说,投资行为最重要的一方似乎更应该取得对资产的所有权。

由于格罗斯曼-哈特-莫尔 Grossman-Hart-Moore 强调所有权的重要性,他们的理论又被称为"产权理论"。这一理论现在已成为研究企业制度和产权理论的经典之一。诸如"不完全合同""控制权"这样一些概念已成为目前文献中使用最多的一类概念。

格罗斯曼-哈特-莫尔 Grossman-Hart-Moore 的不完全合同理论是本书的主线,也构成本书的主要特色。作者认为这一理论是"最适宜回答企业基本问题的企业理论"。对此,我提请读者谨慎对待。正如霍姆斯特朗(Holmstrom)和杨小凯所指出的,格罗斯曼-哈特-莫尔 Grossman-Hart-Moore 的理论与其说是有关企业所有权的理论,不如说是有关财产所有权的理论。企业所有权是比财产所有权更为复杂的一个概念。由于集中于"套牢"问题,将资产所有权作为唯一的激励手段,他们的理论忽略了企业内部使用的更为丰富的激励机制,从而也就难以对我们所能观察到的现实的企业制度提供合理的解释。比如说,根据格罗斯曼-哈特-莫尔 Grossman-Hart-Moore 的理论,如果企业有两种资产,两个所有者,那么,最优的安排将是一个人拥有一种资产,或者说,每种资产变成一个独立的企业,而事实上,企业的资产只是作为整体才被两个人所有。一个人不可能拥有企业一种资产的30%,另一种资产的10%。再比如,根据格罗斯曼-哈特-莫尔 Grossman-Hart-Moore 的理论,只有当存在事前的专用性投资从而事后当事人可能被"套牢"时,所有权才是重要的,而事实上,即使没有事前的专用性投资,仅仅由于团队生产或测度成本的存在,所有权也是重要的。格罗斯曼-哈特-莫尔 Grossman-Hart-Moore 的理论也无法解释我一直强调的经营者选择问题。

费方域教授在本书中将不完全合同理论划作现代理论,而将委托代理理论列为传统理论。这种归类可能产生一些误导,因为它容易使读者感到委托代理理论是一种过时的理论,已被不完全合同理论所替代。事实上,委托代理理论的研究仍然是一个非常活跃的研究领域,诸如前面提到的一些现象也只有委托代理理论才能予以解释。特别地,霍姆斯特朗和 Milgrom 的多任务委托代理理论对企业内部的制度安排具有很强的解释力,并被越来越多地引入对诸如政府这样一类组织的研究。

尽管如此,我还是相信,费方域教授的这部著作将对推动中国经济学界有关企业理论及企业制度改革的研究作出自己的贡献。

张维迎

1998 年于北京大学

序　　三

费方域教授的《企业的产权分析》一书运用"不完全合同"这一当今理论前沿的方法研究企业的产权问题,值得推荐。有关企业的合同理论,就其方法论而言,有"完全合同"和"不完全合同"之分,后者是在20世纪80年代中期以后发展起来的,主要的代表经济学家包括格罗斯曼、哈特和莫尔。最近出版的由费方域教授翻译的哈特的《企业、合同与财务结构》一书是有关不完全合同的企业理论的经典著作。

用不完全合同的方法研究企业,是对早期有关企业的交易成本理论的重大发展。它的出发点是基于合同的不完全性这一事实。合同的不完全性可以有各种各样的原因。即使某一变量对签约双方而言是可观测的,但如果它不可被第三方(即法庭)所验证,那么基于这一变量的合同是不可能被执行的。合同的这种不完全性导致了所谓"剩余控制权"问题,即在合同未说明的情况下的权力归属和行使问题。剩余控制权的配置反过来又影响事先的投资激励:无剩余控制权的一方由于担心事后的利益的损失而会减低投资意愿。因此,控制权的配置与激励和效率有密不可分的联系。

把控制权作为产权的核心以及把对资产的控制权视为企业的所有权是用不完全合同方法研究企业的中心思路。而以往的产权理论(即完全合同方法)则将剩余索取权视为所有权的核心。从广义上讲,不完全合同所研究的是权力的配置对人的激励的影响以及其效率后果。

因此,它的应用不仅仅是企业所有权问题,而且也涉及企业的财务结构,企业内部的权力分配,以及政府等其他机构的组织结构问题。就其对企业的研究而言,这一理论强调对企业实物资产的控制权的重要性,认为其他的权力,如对人事的控制权,对信息的控制权,以及对剩余收入的支配权,等等,都可以从对实物资产的控制权中导出。此外,这一分析框架往往引入不可观察的"私人收益"(private benefits)将模型大大简化,为分析控制权配置造成的激励影响提供了一条分析上的捷径(shortcut)。

可以这样说:在完全合同的情况下,合同双方的权利和义务在合同中已面面俱到地写清楚了,在那里,信息和信号的分布以及合同形式的设计是研究的重点。而在不完全合同中,对剩余控制权的配置影响事后重新谈判中双方的讨价还价能力,从而影响事前的激励。在那里,控制权的配置是研究的核心,而信息的不完全并不是最重要的。因此我们看到,完全合同与不完全合同是侧重点不同的两种研究方法。

运用不完全合同方法研究中国的企业问题是十分有用的。我们有理由相信,合同在由计划经济向市场经济转轨的过程中比在完善的市场经济中更为不完全。这里有历史的原因(比如过去合同是不明写的),也有现实的原因(比如执行合同的机制不健全)。在这种情况下,剩余控制权的配置对激励的影响就至关重要。事实上,对企业经理来说,看得见的工资和奖金的收益是小头,而看不见的由控制权带来的好处(即"私人收益")往往是大头。因此,用不完全合同的分析框架来研究转轨中的企业的产权、组织形式以及经理行为就显得比较符合实际情况。车嘉华和我(Che and Qian,1998)运用不完全合同的方法对国有、乡村集体和私营企业三种所有制在产权不安全的情况下的行为和效率作了理论比较,并得出了一些有意思的结果。这说明不完全合同方法对研究我国的企业改革问题是十分有帮助的。

钱颖一

参考文献

Che, Jiahua, and Qian, Yingyi, "Insecure Property Rights and Government Ownership of Firms", *Quarterly Journal of Economics*, CXIII(2):467-496, May, 1998.

自　　序

　　本书的研究涉及这样几个问题：(1)在众多有关企业的问题中，什么是企业的基本问题？(2)在众多有关企业的理论中，什么是最适宜回答企业基本问题的企业理论？(3)在众多有关企业改革的方案中，什么是最通达、最切实的思路设计？

　　本书认为，企业的基本问题，在所有者兼经营者的古典企业中，是企业的性质，即为什么在市场经济中，还需要企业来作为资源配置的组织形式，和企业的边界，即对于非人力资产的控制权应该如何配置这样两个问题；而在所有者与经营者分离的现代公司中，则除了它们以外，还要加上一个公司治理，即控制内部人控制的问题。

　　本书对代表性的传统企业理论作了回顾，认为从这里的研究角度看，它们大致可以分为两类，一类是完全舍象产权的，或者说，是把产权视为既定的，也就是说，产权在其中是不重要的企业理论。新古典经济学的企业理论，被用于企业产权分析的科斯定理，和委托代理的企业理论，都属于这一类别。另一类是承认产权的重要，但是，它们强调的是产权私有的重要，剩余索取权的重要，和交易成本的重要，而不能像现代企业理论那样，找到产权的本质、内涵和根据。产权经济学的企业理论和交易成本经济学的企业理论，就属于这个类别。为了弄清它们的主要见解和局限，本书具体考察了科斯对新古典主流经济学的企业理论所作的诘难，德姆塞茨对产权的行为、交易成本和效率影响所作的论述，阿尔钦和德姆塞茨对团队生产、监控和激励所作的分析，詹森和麦克林对经理行为、代理成本和所有权结构所作的研究,威廉姆森对契约人假定、交易性质和合同的治理等所作的综合。

本书提出,西方的产权理论可以而且应该划分为传统和现代两个阶段。概括地说,这两个阶段有这样一些区别:(1)前者不涉及完全合同与不完全合同的区分,后者却十分强调不完全合同;(2)前者认为产权是重要的,后者认为只在不完全合同的情况下,产权才是重要的;(3)前者侧重剩余索取权,后者侧重剩余控制权;(4)前者追求产权明确,后者追求谁拥有产权最优;(5)前者缺乏正式模型,后者富有正式模型;(6)前者未能用产权解释制度、企业、权力,后者能用产权解释它们;(7)前者尚不能与其他理论贯通,后者比较注意与其他理论贯通。

因此,本书对现代产权理论(集中表现在企业理论方面)作了系统的研究和阐述,以弄清它的主要观点、逻辑结构和基本命题。具体来说,就是先说明不完全合同的含义、原因和影响。接着利用在此前提下建立起来的套牢模型说明产权的作用。然后论述现代观点下的产权内涵和基本结构,探讨剩余控制权与剩余索取权的关系,并依此对产权残缺作出解释。再对产权作用的理论根据,作出一些概括。最后对如何正确理解科斯定理,进行论述。

站在企业理论研究的前沿就不难明白,现代产权的企业理论,对企业基本问题最有洞察和解释力。因此,本书沿用了不完全合同与产权的观点和方法,来分析和回答企业的基本问题——企业的性质与边界的决定问题,和现代公司的基本问题——两权分离和内部人控制的起因和治理问题。

首先,讨论企业的性质,即回答什么是企业,它的性质和作用究竟是什么的问题。因为这实际上是在回答剩余控制权究竟是控制什么,即所有者究竟拥有什么的问题,所以同时也就考虑了非人力资本的特点和作用,以及人力资本和劳动雇佣合同的特性及它们与资产控制权的关系问题。

其次,讨论企业边界的确定问题:论证生产的技术规模不等于企业的制度边界;分析兼并的产权激励效应;转述哈特的企业一体化成本和收益分析正式模型;指出兼并及最优所有权结构的根据和调整原则。

再次,讨论现代公司固有的基本特征和基本问题——两权分离和内部人控制的现象、原因和问题。财富约束导致外部融资,两权分离在资金筹措、人才提供、风险分散和减少集体决策成本等方面适应现代企业的技术基础。但是,仅仅两权分离,或者信息不对称,还不足以产生内部人控制问题(本书将它们分为传统和转型两类,并将后者区分为四种),只有在合同也不完全的情况下,这个问题才会真正产生。

公司治理就是为了解决这个问题。尽管关于它的定义很多,但归根到底,它只是一种配置责、权、利关系的产权合同。它的关键,是确定由谁来判断和任免经营者。而这就涉及股东与利益相关者谁拥有企业,或者反过来说,经营者应该向谁尽职即为谁的利益服务这样一个正在热烈争论着的问题。本书提出了处理的原则。

最后,是讨论和比较各种公司治理机制,如董事会、大股东、代理权竞争、接管和财务结构,考察它们各自的机理和长短。总的结论是,它们配合使用,依各国各时期的情况有所侧重,都能解决但都不能完全解决内部人控制问题。

很明显,本书所作的研究,实际上是为把产权结构调整视作企业基本问题分析和企业改革思路设计核心的政策主张提供理论根据。无论从哪方面看,这个主张,既符合历史,又适合未来。但是,它却曾受到一些非难。究其原因,恐怕主要有三个。一是只了解传统的产权理论,而不了解现代的产权理论,因此弄不清产权改革有些什么事情可做。[①]

---

① 参见本书前言第3节。

二是对委托代理理论太偏爱,而疏忽了它不能解决企业性质和边界问题的局限。① 三是不能在一个统一的框架下一并处理产权调整和市场竞争问题,把本来是互补的关系扭曲成替代的关系。② 理论固然有待实践检验,但唯其有洞察、有预见,它才有魅力,才值得检验。

---

① 参见 Hart, O., *Firms, Contracts, and Financial Structure*, 1995。
② 参见世界银行政策研究报告:《官办企业问题研究——国有企业改革的经济学和政治学》,中国财经出版社,1997年。

目　　录

前言 ··· 1
  1. 经济转型和企业改革 ·· 1
  2. 传统企业理论的局限 ·· 3
  3. 不完全合同和产权观点 ·· 5

第一章　传统理论的回顾和评价 ····································· 11
  1. 科斯之谜:企业基本问题的提出 ································ 12
  2. 公共产权与私有产权:对效率的影响 ···························· 18
  3. 团队生产,监控和激励 ·· 25
  4. 经理行为、代理成本和所有权结构 ······························ 34
  5. 契约人假定、交易性质和合同的治理 ···························· 42

第二章　不完全合同与产权 ··· 64
  1. 完全合同与不完全合同 ·· 64
  2. 套牢模型和产权合同 ·· 72
  3. 剩余控制权和剩余索取权 ······································ 79
  4. 产权的作用:理论根据 ·· 88
  5. 科斯定理 ·· 97

第三章　产权与企业基本问题 ······································ 108
  1. 企业性质:资产所有权和劳动合同 ····························· 108
  2. 兼并、企业边界和产权 ······································· 116
  3. 两权分离和内部人控制问题 ··································· 125

xviii 企业的产权分析

4.公司治理和经营者尽职 …………………………………… 138
5.控制经营者的主要机制 …………………………………… 154

参考文献………………………………………………………… 178

前　　言

本书主要讨论两个问题。第一，在进行企业基本问题分析和企业改革思路设计的时候，产权是否重要，或者，更彻底地说，是否最重要？如果是重要的，为什么常常又被当作不重要？第二，在建立和推行股份有限公司的时候，治理结构的重要性何在？特别是，有哪些不同的机制可供选择？它们各自的优缺点如何？

1.经济转型和企业改革

在传统的计划经济下，不存在产权独立、边界合理，能自主经营、自负盈亏、自我发展的真正意义上的企业；或者，换个更确切的说法，整个经济成了一个大工厂，控制权和索取权主要由政府部门把握，资源靠行政指令配置，统一计划，统一价格，统一供、产、销，统一核算，统一报酬。这种体制下严重存在着的协调（信息）问题和激励问题，以及过高的交易成本（也称为交易费用，如影响成本），造成了计划失灵即资源计划配置低效率的结局。

在市场经济下，市场（通过价格）和企业（通过数量）是既相互补充又相互替代的两种不同的协调经济活动的组织形式和配置经济资源的运行机制。从计划向市场体制过渡或转轨，在我看来，就此而论，其实是用市场和企业这两种制度、两种组织、两种机制，去代替中央集权指令计划这一种制度、一种组织、一种机制，来完成经济的协调、激励和资源的有效配置的任务。①

因此,在转轨过程中,重组国有企业,就不仅是为了在供给和生产者行为方面塑造与市场经济相适应的微观基础,而且,也是为了创建在组织生产和交易活动中成本和效率比较市场更具优势的现代企业制度。这也就是说,我们不仅要使企业变成能对市场信号(主要是价格)作出恰当反应的利益实体,而且要使企业变成能对市场机制(主要是价格机制)进行必要补充、替代的经济组织。

为此,就必须正确划分政府和企业的界限,正确划分市场和企业的界限。前者的实质,是政府将它掌握的企业资产控制权交还给企业②,实现政企分离,以使它们各司其职,各负其责。后者的实质,一是确定企业的边界,也就是确定企业资产的产权边界;二是确定企业的形式,也就是确定企业的产权结构。③在这整个过程中,资产大抵还是那些资产,所不同的,根本是产权发生了变化:从模糊、不合理,变得清晰、合理。然后,通过降低交易成本和改善人们的行为,而增进经济效率,提高经济效益。在中国的改革过程中,我们确实地看到,随着政府放权让利,扩大企业经营自主权和留利水平,企业组织转型,建立股份制公司和中外合资合作企业,和自发性或非正式的私有化,企业的事实上的和法律上的控制权,都发生了从政府机构向企业的大规模的转移。这样做一方面固然大大降低了计划协调企业经营活动的行政管理成本,增加了经营者的激励,促进了企业产出和总要素生产率不同程度的提高,这是令人鼓舞的;另一方面,由此也带来国有资产经营管理部门经营者的代理激励问题和企业中经营者的代理激励问题,增加了代理成本,这又是必须正视的。因此,建立界定明晰、配置合理、有保障、能流动的产权制度和有激励、有约束的内部和外部、主动和被动的治理机制,就应该是我们面临的紧迫任务。产权结构调整就应该是企业基本问题分析和企业改革思路设计的核心。

2.传统企业理论的局限

新古典的企业理论,以看作"黑箱"的整个企业作对象,主要从技术角度,运用边际分析方法,把它们当成行为方式与消费者完全一样的生产者来研究。它的主要作用,是充当以严格证明"斯密教条"的阿罗-德布鲁(Arrow-Debreu)模型为核心的一般均衡理论的基本组成部分。④在完全竞争的一般均衡理论中,交易是由理性的经济人即期、匿名进行的。没有交易成本,没有市场力量,也没有外部效应,人人有完全理性、完全信息和完全合同,谁也不会违背其参与交易的条件,谁都处在不损害别人就不可能再使自己受益的帕累托有效状态。在这个框架下,可以证明,交易在市场上进行,和在企业内进行,结果是一样的;市场经济制度,和计划经济制度,效率是一样的。⑤产权如何配置,是完全不重要的。与此相应,正如科斯在1937年就指出的那样⑥,长期占据经济学教科书的新古典企业理论,既与整个世界为一个巨大企业,每一个现有企业如通用电气、大众汽车、IBM等都是它的一个部门的情况相容,也与现有企业的每个工厂和部门都成为独立企业的情况相容。在这里,产权同样是不重要的。

科斯对传统新古典理论提出的责难,开创了对于企业基本问题研究的新阶段:什么是企业?什么是企业的边界?什么是决定交易在市场还是在企业进行的因素?虽然科斯正确地指出了企业实质是一个小的统制经济,它的显著特征是代替价格机制,它出现的原因是有些活动在企业内进行比在市场上进行交易成本要低,低的原因似乎与企业内部合同的性质有关,但是,由于他还不能揭示这些合同的性质,不能说明到底什么是交易成本,也不能在正确的方向中发现一体化成本⑦,所以,他的观点长期被"引而不用",长期未被形式化,也长期不能操作。

与此同时及以后,作为对现实的逼近和对新古典的修正补充,不完全竞争理论和博弈理论引入了市场力量、不确定性和对策行为。外部性(包括公共品)理论和信息理论引入了外部效应、科斯定理、搭便车、公共选择、逆向选择和道德危险问题。交易成本经济学引入了有限理性和机会主义的契约人、交易成本、交易特性和交易治理。这种不完全市场,会产生多个均衡,而且,并非所有的均衡点都是最优的。因此,市场实际是失灵的、有毛病的。

值得注意的是,这些新发展的理论,主要是委托代理理论、交易成本理论和不完全合同与产权理论,又被归纳在合同理论的名下,以作为对完全竞争模型的替代。⑧从一定的角度看,合同是大部分经济分析的基础。任何交易,或显或隐地,总是要依靠某种形式的合同来媒介、实施的。只是在现货交易的情况下,由于交易双方的行为几乎是同时发生的,所以合同的作用常被忽略。实际上,新古典理论中的状态依赖交易就是一种典型的长期合同。新的拓展在于,所关注的合同,从市场交易转向企业交易,从一般的通用合同,转向关系专用性合同,从完全合同,转向不完全合同。⑨既然合同是交易关系的一个基本构件,那么,当交易成为分析的单位的时候,不同的交易制度,也就自然地被剖析成不同的合同安排了。这期间的主流企业理论,主要是交易成本经济学的企业理论、委托代理理论的企业理论和产权经济学的企业理论,它们都把企业看作是合同的网结,看作是治理交易的制度,也都以合同关系作为分析的基础,其道理就在这里。

需要指出,委托代理理论虽然考虑了不对称信息和激励问题,但是,由于它建立在完全合同的基础上,一切都事前预期和约定好了,所以,不论在什么产权结构下,不论交易发生在何处,都能设计出最佳合同,都能一样好地解决激励问题和降低交易成本。因此,它仍不能解决企业的本质与边界问题。交易成本理论虽然考虑到了撰写合同的成本,甚至认识到了合同的不完全性,但是,由于它没有进而得出,将剩余控制权在缔约人之间作分配可避免违约和重新谈判的成本,对价值最大化和效率是有影响的,从而产权和治理结构是重要的结论,所以它也没有说清企业的本质和边界。

实际上,在不完全合同和现代产权理论形成以前,我们没有办法通过正式模型来处理专用性投资中存在着的事前竞争、事后非竞争关系,没有办法通过正式模型处理利益不一致和信息不对称引起的激励和风险分担问题,更没有办法通过正式模型处理由不完全合同引出的产权安排和治理结构问题。因此,要想用正式模型解决企业的性质、边界、制度和组织形式问题,要想将"权威"(authority)、"权力"(power)、"控制权"(control rights)等概念正式纳入理论模型,要想能从产权结构的角度透析企业的制度安排,指导企业改革带来有效率的绩效,我们就必须站在理论研究的前沿,运用不完全合同与现代产权理论作为分析的工具。

3. 不完全合同和产权观点

从不完全合同与现代产权理论的观点看事物,就可以发现,要找到最佳的公有制实现形式,要形成最佳的企业产权结构,我们还有许多认识问题需要澄清。由于这些认识往往都可以在某些个传统的理论中找到出典,所以,通过对相关理论的剖析,来切磋一些不同的看法,可能不失为统一思想的一个办法。

第一,什么是产权?中外的法学家和经济学家,对此下过很多不太相同的定义。就我们现在的情况来看,这里重要的是要辨析:(1)产权是排他地使用资产并获取收益的权利[⑩];(2)产权就是剩余索取权,谁获取剩余,谁就拥有资产[⑪];(3)产权是剩余控制权(residual control rights)形式的资产使用权力(power)[12]。定义(1)强调的是产权的排他性,以图通过产权明晰来解决"公地悲剧"中的搭便车问题。但是,如果没有交易成本,或者,合同是完全的,那么,不必把财产分配给个人,也可以解决同样的问题。如果有交易成本,或者,合同是不完全的,那么,有意义的就不再是由合同明确规定的特定权利,而是合同未能明确规定的剩余权利了。定义(2)强调产权的激励作用,以图通过产权安排来解决监督者的动力和偷懒问题。但是,如果合同是完全的,那么,只要制定最佳的激励合同,就可以解决动力问题。产权安排无关紧要。如果合同是不完全的,那么,就必须先作出剩余控制权的安排,才能有相应的剩余索取权安排。定义(3)实际强调的是剩余控制权与剩余索取权的统一,只是进一步认为,由剩余控制权安排就可以推导出相应的剩余索取权安排了。

第二,产权重要吗?在委托代理关系下,由于双方信息不一致,导致了对阿罗-德布鲁或有商品合同的背离[13],但是,即使在这种情况下,最优合同仍然是完全的,也就是说,它对所有可能的事件及各方的责任都作了明确的规定,因此,所有权让渡的所有权利都可以通过合同解决,为了使代理方揭示隐蔽的信息和行为,一般要设计包含"低效率"的次佳合同。[14]但是,不论双方相互独立,还是处于一个企业内部,这种低效率总会出现。因为,它是不对称信息的函数,而不是产权的函数。换句话说,由于标准的委托代理理论是在完全合同的基础上讨论的,所以它没有为产权提供角色。由于这个理论本身就是排斥产权的,所以,用它来论证产权不重要是不恰当的。[15]相反,由于人们不可能缔结包括一切可能发生事件和在这些事件中应该采取的行动和措施的合同,也由于合同中规定的有些内容是不可证实的,所以,我们实际面临的是不完全合同。这种合同只规定有关各方必须采取的行为,因此存在遗漏条件。合同不完全会产生多种事后成本和事前成本。在不完全合同的世界中,产权就是重要的了。对合同未作规定的事情,所有者即剩余控制权的拥有者才有权作出决定。这时,产权如何分配,对效率就有重要影响了。

　　第三,产权改革一定导致私有化吗? 产权改革,或者叫产权结构调整,既可以发生在私有经济的环境下,也可以发生在公有经济的环境下。实际上,它发生在一切经济环境下。西方国家时常发生的企业"国有化"、"私有化"、兼并、接管、破产是产权结构调整。传统中央集权计划经济国家发生的发挥中央与地方两个积极性、放权让利、推行股份制,也是产权结构调整。在从计划经济到市场经济的过程中,企业改革是经济改革的中心环节,产权改革是企业改革的核心内容。其中,私有化固然是一条途径,但是,它却不是唯一的途径。至少,非国有化、公司化就都是可供选择的途径。产权改革有收益,也有成本,它们的大小,依赖于各国的历史与现状,依赖于资产的性质与关系。因此,一个国家改革途径的取舍,必须取决于是否有利于这个国家社会生产力的发展,综合国力的增强和人民生活水平的提高。[16]根据我国目前的社会性质及所处的发展阶段,以寻求公有制的最佳实现形式作为产权改革的基本方向,是最理智的抉择。我们现在做着的政企分离、抓大放小、兼并破产和股份公司制与股份合作制改造,都是公有制性质为主导的产权改革,怎么可以认为,传统产权的改革就一定导致私有化呢? 至于在公有经济为主的前提下,允许和鼓励私有经济和其他非公有制经济发展,这只会促进公有经济的发展,而不会改变我们的基本制度。这就像西方国家存在国有经济部门,而不能改变那里的私有财产制度一样。在当前,不管是从什么立场看问题,只要以为产权改革一定导致私有化,客观上就会严重阻碍产权改革的顺利推进。

　　第四,产权明晰的含义是什么? 产权是排他使用的稀缺资源。产权明晰,就是产权的有效率配置。比如,如果两个资产高度互补的企业属于不同的所有者,那么他俩对资产使用都没有权力,因为属于任何一方的资产离开了对方都发挥不了作用。所以,通过兼并将权力集中在一个所有者手里是有效的。反之,如果两个资产无关的企业搞兼并,那么,因为兼并来的资产不能扩大兼并企业的业务,所以兼并方所有者增加的是无用的权力,而被兼并方所有者却因为与他们使用的资产相分离而失去了有用的权力,因此,这种产权配置是低效的。再比如,对于业主制企业的所有者兼经营者来说,将剩余控制权与剩余索取权一并配置给他是有效率的,因为后者会激励前者被有效使用,前者会保证后者实现最佳。相反,对于大型股份有限公司来说,所有权与控制权既相分离又相补充、制约的配置是有效率的。[17]因为它使经营才干、激励、融资能力和风险承担实现了最好的搭配。还比如,实施政企分离,将分散在政府各行政管理部门官员手中的对于企业的控制权转移给企业的多元投资所有者(国资经营机构、基金和其他法人与自然人),是有效的产权结构调整,因为,政企不分使企业失去了它的本性。因此,认为国有企业已明确归全民所有,所以其产权是明晰的,而且明晰的程度不亚于私有企业的看法是不正确的。[18]就像私有企业要寻求产权最佳配置一样,国有企业也要寻求产权最佳配置,它们谁也不能终结对产权明晰化的追求。

第五,竞争能解决企业基本问题吗？竞争环境是企业效率的重要前提。但这不应该也不能排斥产权结构对于企业效率的决定作用。威廉姆森在他的《资本主义经济制度》(1985)一书中,就曾指出:(1)不同的合同关系便利不同的交易,不同的交易需要不同的合同关系;(2)与完全合同相对应的是交易由市场治理,与不完全合同相对应的是交易由企业治理。[19]哈特[20]和哈特与霍姆斯特朗[21]则进一步指出,不完全合同的不断修正和重新协商会产生许多成本,如果这时双方能找到有效的交易伙伴,那么这些成本就无关紧要,但是,如果事前进行的是关系专用性投资,即关系存续就创造价值,关系破裂就失去价值的投资,由于这种"锁住"效应,即使在投资前可能有大量的事前竞争,但是在事后,双方都有了垄断力,谁也不能再依赖市场。于是,对于事后被"套牢"的担心,会使应该进行的最优投资不能实施。这说明,在实际运作中,对于这种沉没的专用关系,竞争不能起到作用。在理论上,对于这种事前竞争、事后非竞争的关系,完全竞争的理论、委托代理的理论和交易成本的理论都不能用正式模型给予解释。这种由不完全合同和专用性投资关系带来的交易成本,只能由企业即对于这种投资资产的产权来降低。实际上,企业就是因此而产生的。对于这种关系,和由此引出的企业的性质与边界问题,因此也只能由不完全合同与产权理论来进行形式化的阐述,而不能从在假定中就将产权、激励、企业边界这类问题排除在外的竞争理论那里找到答案。当然,这样说,也不是要贬低竞争的重要性,组织激励与市场力量本来就是既相互代替,又相互补充和相互依赖的。在分析上,就像研究市场竞争时,企业产权已被假定是清晰的一样,在研究企业产权的时候,市场竞争也往往是被假定充分存在的。

注 释

① 现在通行的提法是只说市场制度替代计划制度。像哪些经济活动缘何及怎样在企业中进行的问题因此就容易被忽略掉。

② 比如,1972年国务院发布的《全民所有制工业企业转换经营机制条例》,赋予企业生产经营决策权、产品、劳务定价权、产品销售权、物资采购权、进出口权、投资决策权、留用资金支配权、资产处置权、联营、兼并权、劳动用工权、人事管理权、工资、奖金分配权,和内部机构设置权等经营权,同时要求企业承担自负盈亏的经营责任。

③ 这里说的企业形式,既包括业主制、合伙制、股份制等多种制度形式,又包括租赁、承包等多种经营形式,还包括 U 型、H 型和 M 型等多种组织形式。从后面的阐述中可以清楚地看到,它们各有自己最相适宜的产权结构。

④ 斯密教条说的是市场竞争会引致资源有效率配置。阿罗和德布鲁证明了竞争均衡与帕累托效率等价。参见 Arrow, K.J. and G.Debreu 1954, "Existence of an Equilibrium for a Competitive Economy", *Econometrica* 22:265—290。

⑤ 参见朱东平:《从现代企业理论看所有制与效率》,上海:上海财经大学出版社,1995 年。

⑥ 参见 Coase, R.H.1937, "The Nature of the Firm", *Economica*, 4:386—405。

⑦ 科斯提出企业规模不能无限扩大,但他不恰当地将原因归结为官僚作风的增加和管理失误的增加,也就是说,大企业经理的效率,会低于小企业经理的效率,因此,不能像分析一体化收益那样分析一体化的成本。参见 Grossman, S., and O.Hart 1986, "The Costs and Benefits of Ownership: A Theory of Vertical and Lateral Integration", *Journal of Political Economy*, 94:691—719。

⑧ 参见 Hart, O.and B.Homstrom 1987, *The Theory of Contracts*, Cambridge: Cambridge University Press, 71—155。

⑨ 详见本书第二章。

⑩ 参见《新帕尔格雷夫经济学大词典》,第三卷,北京:经济科学出版社,1992 年,第 1101 页。

⑪ 参见 A.A.阿尔钦和 H.德姆塞茨:《生产、信息费用与经济组织》,文载《财产权利与制度变迁》,上海:上海三联书店、上海人民出版社,1994 年。

⑫ 参见 Hart, Oliver, 1995, *Firms, Contracts, and Financial Structure*, Oxford: Clarendon Press。

⑬ 或有商品的思想由阿罗(1953)最早提出,德布鲁(1953)进一步发展。现在可见于任何一本高级的微观经济学教科书。

⑭ 详见本书第三章。

⑮ 参见林毅夫等:《充分信息与国有企业改革》,上海:上海三联书店、上海人民出版社,1997 年。

⑯ 判断改革是非得失的"三个有利于"的标准,是邓小平同志 1992 年初在南方谈话中提出的著名论断,具有普遍的适用性。

⑰ 我将在后文中对这个提法作详细的说明。

⑱ 参见高鸿业等:《中国经济体制改革和西方经济学研究》,北京:中国经济出版社,1997 年。

⑲ 参见拙作《交易、合同关系的治理和企业——威廉姆森交易成本经济学述评之二》,文载《外国经济与管理》,1996 年第 6 期。

⑳ 同注⑫。

㉑ 同注⑧。

第一章 传统理论的回顾和评价

传统的企业理论,从本书的研究角度看,可以分为两类,一类是完全舍象产权的,或者说,是把产权视为既定的,也就是说,产权在其中是不重要的企业理论。新古典经济学的企业理论,被用于企业产权分析的科斯定理,和委托代理的企业理论,都属于这一类别。另一类是承认产权重要的,但是,它们强调的是产权私有的重要,剩余索取权的重要,以及交易成本的重要,而不能像现代企业理论那样,找到产权的本质、内涵和根据。产权经济学的企业理论和交易成本经济学的企业理论,就属于这个类别。

由于不完全合同和产权的企业理论是在吸收这些理论的所见和克服这些理论的所囿的基础上发展起来的,也由于我们现在对企业产权的许多理解,都或多或少受到了它们的影响,所以,我们有必要先对它们作一个回顾,同时结合它们所产生的影响,对它们作适当的评论,以克服它们本身的片面性和我们理解上的片面性。

本章安排如下:新古典经济学的企业理论,不论从历史说,还是从逻辑说,都应该是我们分析的起点。科斯在责难它时提出的企业基本问题,将贯穿我们分析的始终。各种企业理论的是非曲直,就看它们能否回答这些问题。因此,我们把前者的缺陷和后者的诘难,作为第1节讨论的内容。产权经济学的企业理论,认为企业制度是产权结构对交易成本的反应,主张产权私有重要,但是,私有产权是唯一解吗?人们为什么在私有产权条件下还要不倦地研究产权呢?第2节讨论这些问题。团队生产是产权经济学的企业理论的另一著名模型,它考虑到了计量、监督与激励问题,但是,却忽略了剩余控制权。因此,它强调的不是完整的产权。这些在第 3 节讨论。第 4 节讨论委托代理的企业理论,它把代理成本放进视野,研究了产权、代理与企业的关系,并把资本结构作为激励计划的一个部分,但是,却不能回答企业基本问题。最后,第 5 节讨论交易成本经济学的企业理论,它考察了发生在两个企业间的关系的成本,但却不能具体分析一体化的成本与收益。

1.科斯之谜:企业基本问题的提出

长期以来,主流经济学的主要研究方向,是把斯密关于经济可以通过市场和价格体系实现协调的命题形式化。在传统的新古典经济学家看来,市场是唯一的资源配置机制,追求自己最大利益的个人,依据既定的技术和偏好,受观察到的价格和成本的引导,协调他们的消费活动和生产活动。阿罗-德布鲁的一般均衡模型,是新古典经济学的典范。它从个人理性、市场出清和理性预期出发,运用数学上的凸性[①]和不动点原理,证明了市场竞争均衡是帕累托有效率配置和帕累托有效率配置是竞争均衡这两条福利经济学原理。这个模型要求:(1)产权是明晰界定到人的[②],因此,不存在外部效应,每个经济行为人都只关心和追求自己的目标和利益;(2)竞争是完全的,因此,不存在市场权力,交易公正地发生在许多匿名的行为人之间,谁也不可能独立影响价格;(3)信息是充分的,交易条件由市场竞争决定,因此,不存在寻找交易对象、谈判交易条件和防止违约等机会主义行为的交易成本。这个模型认为,经济行为人唯一需要操心的是他们自己的最大化问题,唯一需要交流的信息是他们消费和生产的商品的价格。借助于竞争与价格体系,市场机制足以自动地协调与激励经济行为,有效地配置稀缺资源。

结果是,所有的消费计划、生产计划与市场价格使得每个消费者实现效用最大化,每个生产者实现利润最大化,每个市场实现供求平衡,每个人的境况都不能在其他人的境况不变坏的情况下再有所改善,而这与财富的分配无关(换言之,市场机制在分配上是中性的)。

新古典的企业理论,不把企业看作一种组织,而是看作一个可行的生产计划集。它主要从技术角度,运用边际分析的方法,把企业当成行为方式的形式与消费者完全一致的生产者来研究。在这个理论中,企业由企业家即所有者兼经营者管理,他们拥有两种权利:生产计划选择权和利润索取权。他们的行为问题,被简单地抽象成在技术、市场和经济条件约束下作出使利润最大化或成本最小化的生产计划(即确定最佳的投入和产出水平)。对于价格接受者来说,均衡条件就是熟知的价格与边际成本相等。

除了最佳产量水平决定以外,新古典企业理论还研究了最佳生产规模和最佳生产范围的决定问题。由于生产中有一些固定成本独立于产出水平,所以,在可变成本随产出增加而提高时,平均成本会出现下降,由于同时生产关联产品可以获得资源共享和生产互补的利益,所以,同时生产几种产品会比分别生产它们的成本要低,但是达到最佳规模和最佳范围以后,因为有些投入(如经营能力)很难随着企业规模和范围改变,所以,企业的平均成本又会开始上升。新古典的企业理论在一般意义上强调技术的作用,在特定意义上强调规模收益和范围收益为企业规模和范围的重要决定因素,是有积极意义的。

但是,现实并不像新古典经济学假定的那样简单。从某种意义上说,新古典的成功在于它所作的抽象,而它的不足也在于它的抽象。对于新古典的批评,可以沿这样两条线索归纳。这两条线索都以市场失灵为立论基础。第一条线索针对不完全竞争和其他市场不完全性,强调政府干预的补充作用。第二条线索针对一旦发生就不由市场直接协调的交易关系,强调企业对市场的替代作用。

R.H.科斯是在这后一方面最早向新古典理论提出重要责难的人。他发现,黑板经济学与现实有巨大的差距:如果市场交易是最优的,为什么有那么多交易要在企业内进行?如果企业规模由技术决定,为什么很多公司的规模远远超过了工程的需要?因此,在《企业的性质》(最早发表在1937年11月《经济学》新系列第4卷上)[3]这篇曾湮没多年而又终显不朽辉煌的文章中,他指出,新古典理论存在着非常明显的缺陷,首先,它在关注价格体系的时候,忽略了市场,或者说是忽略了制约交换过程的制度安排,忽略了与交易相关的(如获悉信息)、对贸易条件讨价还价的费用。而正如经济学所表明的那样,如果没有适当的制度,任何意义的市场经济都是不可能的。其次,它在强调企业功能的同时,忽略了企业的制度结构,所以不能解释生产活动为什么和如何被组织在企业内进行,大多数社会经济资源为什么和如何在企业内按行政决策使用这样的一些问题。再次,它既与整个世界为一个巨大企业,即每一个现有企业(通用电气、埃克森、尤尼利弗、英国石油等)都是它的一个部门的情形相容,也与现有企业的每个工厂和部门都成为独立企业的情形相容。企业边界及其决定的问题,也完全被忽略了。为了克服新古典的不足,他把交易成本概念引入经济学分析,将生产的制度结构纳入经济理论,提出并且讨论了什么是企业的基本特征,为什么市场经济中要有企业存在,为什么企业的边界不能扩大到整个经济这样一些至关重要的企业基本问题。他根据自己的观察认为:

第一,市场是协调经济活动的一种组织形式,企业也是协调经济活动的一种组织形式;市场是一种配置资源的机制,企业也是一种配置资源的机制。在市场体系中,专业化的经济活动由看不见的手协调,分散的资源由价格信号配置,而在企业里,专业化的经济活动由看得见的手协调,分散的资源由行政指令配置。企业最显著的特征,就是作为价格机制的替代物。在企业中,生产要素所有者之间的交易被取消了,要素的配置由企业内部的权威,或者说企业家(科斯按30年代英国的正式用法,用它来指谓在一个竞争体制中替代价格机制指挥资源的人,即指谓在企业中调配资源的包括管理部门、领班和许多工作人员在内的管理体系)决定。企业实质上是一个小的统制经济、计划经济。市场体系不应该也不能够排除或消除诸如企业组织这样的统制经济,相反,它倒是保证了它们只能在比其他类似的统制经济(其他企业)或者比市场运行的结果更有效率的时候才能够生存下去。一个有效的经济体系,不仅需要市场,而且需要适度规模的组织内的计划领域。这种混合的具体状态,应该是竞争的结果。

第二,使用价格机制的市场交易中存在着有时甚至是相当高的费用。它们包括:(1)发现相关价格的,或者进一步说,获取有关信息的费用。比如,当经济行为人与劳动供给者谈判的时候,他实际上很难知道劳动力的质量究竟如何,和工资率是否确定在市场水平上,换言之,在他们试图利用劳动市场的时候,他们不可能每次都能不花代价地按市场价格获得合格的雇员。(2)为相互有利、相互依赖的交易谈判和签订市场契约的费用。(3)谈判和签订确定未来执行的交易的细节的长期市场契约的费用。(4)有管制力量的政府或其他机构区别对待市场和在企业内部交易引起的费用。承认市场运行有费用,比不承认市场运行有费用是一个更现实、更易于处理的假设。把组织和这些费用联系起来考察,就可以发现,形成企业,允许某个权威来支配资源,就能节约某些市场运行费用。

第三,市场经济中存在企业的基本理由,在于企业内部组织的交易比通过市场进行同样的交易费用要低。企业交易费用较低的原因有这样几个:(1)当存在企业时,某一生产要素(或它的所有者)就不必与企业内部同它合作的一些生产要素签订一系列契约。当然,如果这种合作是价格机制作用的直接结果的话,一系列的契约就是必需的了。这也就是说,一系列的契约被一个契约替代了。(2)较长期的契约可以代替若干个较短期的契约,而使签订每一个契约的部分费用被节省下来。(3)企业家可以按低于他所替代的市场交易的价格得到生产要素,因为如果他做不到这一点,通常也能重回公开市场。(4)企业内部契约的特征是,生产要素为获得一定报酬而同意在一定限度内服从企业家的指挥,同时,契约也限制了企业家指挥要素的范围。这样,在环境发生变化的时候,企业家就可以根据这种不完全的契约,指挥他们雇用的要素在最有价值的用途上运作。企业日常活动的重新安排,通常不是用契约对权利的重新规定,而是如何使用权利的行政决定的结果。

　　第四,企业的规模不可能无限大。因为:(1)当企业扩大时,对于企业家的功能来说,收益可能会减少;(2)当组织的交易增加时,企业家或许不能成功地将生产要素用到它们价值最大的地方;(3)交易增加必须达到资源的损失等于市场交易费用的那一点;(4)生产要素的价格可能会上升;(5)当更多的交易由一个企业家组织时,交易倾向于不同的种类和不同的空间位置分布,而使企业效率下降。总之,由于组织费用和管理费用的存在,所以不可能全部生产都由一个大企业去进行。在交易费用概念的基础上,科学分析企业规模的决定是可能的。企业规模的界限应该在其运行范围内扩展到企业内部组织交易的费用等于通过市场或其他企业进行同样交易的费用的那一点上。运用相同的概念,还可以对企业联合和一体化作出精确的解释,当先前由一个以上企业家组织的交易变成由一个企业家组织时,便出现了联合。当先前由企业家之间在市场上完成的交易被组织起来时,这便是一体化。

　　1988年,科斯在他题为《"企业的性质"的影响》的文章中曾说,在《企业的性质》中,"交易费用是用来说明,如果交易费用没有包括在分析之中,那么企业就没有存在的意义"。1991年,他又在获取诺贝尔经济学奖时的题为《生产的制度结构》的讲演词中说:"如果认为《企业的性质》的发表对经济学最重要的后果就是引起对企业在现代经济中的重要性的重视,那就错了。在我看来,这是在任何场合都可能发生的结果。我认为……这篇论文的最重要的东西,是将交易费用明确地引入经济分析。"

科斯的这些话,最好地概括了他的企业理论的特征。首先,他的企业理论是建立在交易费用概念基础上的。交易所采用的组织结构,对交易费用的大小有重要影响。因此,正如人们通常认为的那样,科斯的企业理论,开了交易费用企业理论的先河。其次,他的企业理论关注生产的制度结构。交易费用不仅影响契约安排,而且因此也影响产品和服务的生产,将交易费用纳入理论分析,经济体系运行的许多方面,特别是制度结构方面,就可以得到令人满意的解释。很明显,从交易费用入手,就会合乎逻辑地将目光投向制度结构。最后,他以交易为分析对象,就把对企业的考察引入了"黑盒子"的内部,企业的协调和激励机制、作用与结构,从此受到经济学家的重视。

在新古典的企业中,每个行为人各自对待合作的态度,掌握信息的多寡,受到激励的程度,以及不尽相同的利益和目标,是不被研究和揭示的,或者说,是被忽视的,因而,由此才能得到说明的不同的交易的性质及其组织方式,也就同样不能得到说明和揭示。交易费用方法的提出和实际被运用,使经济分析的层次,深入到了交易和个人的水平上。交易,即商品和服务从一个个人到另一个个人的转移,是分工合作的市场经济活动的基本分析单位。交易的组织形式取决于交易的性质。这就引发了对于不同的交易组织形式(结构、程序等)和不同交易性质(类别、种类)以及它们相互之间关系的进一步研究。另一方面,由于交易活动的最终交易者总是个人,所以对于理解交易的组织形式来说,重要的是掌握技能和信息,具有需要和意愿,实际进行决策行动,最终创造、管理和参与组织的单个行为人的利益和行为。而这又引发了对于协调、激励和行为方式的进一步研究。

科斯提出交易是有费用的,但是,却没有能够指出这些交易费用的起因和性质,而不能够系统地理解这些问题,交易费用概念就缺乏操作性。科斯《企业的性质》一文之所以被引用多而应用少,主要原因恐怕也就在这里。实际上,交易费用是经济机制的运行费用,它既包括为协调处在交易关系中的专业生产者的决策和行为以获取分工与合作的利益的协调费用,又包括驱动经济行为人努力完成合作中应当由他们各自分工承担的那部分活动的驱动(motivation)费用。不同的组织形式和组织结构,实质上只是按不同的方式,以不同的结果来实现协调和驱动罢了。

2. 公共产权与私有产权:对效率的影响

完全竞争的交易过程,能使交易产生的效率收益被完全取尽(即不再有互利的交易),但交易成本的存在,却阻碍着这个过程的实现。产权(本节等同于德姆塞茨的所有权)是交易的前提。不同的产权类型对人们的行为有没有影响?对交易成本有没有影响?对效率有没有影响?这是德姆塞茨所有权经济学研究的主要课题。研究的主要结果,集中体现在他1988年出版的汇集他已经发表和尚未发表的一些论文的专著《所有权、控制和企业》中。[④]

德姆塞茨认为,虽然所有权这个论题在社会科学和哲学中已有很长的研究历史,但它在经济学方面却没有得到明确和集中的讨论,尽管许多经济学研究实际引出的都是关于所有权的结论。因此,很有必要提出一个简单明了的所有权经济学分析框架:一是作为外生现象的所有权:(1)所有者的主体(identity)界定,或所有权的指定、授予、让与

(assignment),(2)所有权的残缺(truncation),(3)所有权的规范和伦理方面;二是作为内生现象的所有权:(1)由个人行动配置,(2)由合作行动配置:①工商企业(公司)的管理,②财富的分配和有效控制。

按照这个框架,德姆塞茨首先把所有权作为外生现象看待,也就是说,把所有权权利束视为既定,然后考虑决定所有权的法律框架的某些特征的假定变动所造成的结果。具体地,主要是考虑权利所有者主体变动和权利束内容变动这样两种假定变动所造成的结果。

第一方面的考虑是从科斯关于社会成本的论文中引出来的。科斯直接研究的是市场谈判如何能够消除或减少私人成本和社会成本的差别的问题。他提出了两个模型。一个是零交易成本、零收入效应模型。在这个模型的条件下,外部效应可以通过市场谈判消除。另一个是正交易成本、零收入效应模型。按照这个模型,解决外部效应有一种以上可供选择的政策,且模型本身不能决定哪种选择最好。但德姆塞茨认为,很值得注意的是,科斯在他的讨论中已附带地引入和分析了所有者主体变动的影响问题。这问题是这样提出的:假定产权已完全界定并受到尊重,由农民或是由牧民来控制牛群走动,由农民或是由铁路当局来控制火花空间,结果会有什么不同?更概括地说就是,所有者主体发生变动,会不会造成资源配置的差异?从科斯的分析可以得出的结论是,在第一个模型中,不管是哪一个(批)人作为权利的所有者,产出的有效组合都相同,即资源配置不受影响。而在第二个模型中,或者,在存在收入(财富)效应,从而受影响的双方会明显影响需求模式的情况下,所有者主体变动会影响产出的组合,但不会改变在根据由同所有权的特定界定相关联的财富分配引致的需求进行判断时每一个产出组合都是有效率的结论。德姆塞茨认为,科斯撇开收入效应是明智之举,因为所有权也是财富,改变所有权主体会使财富分配发生变化。此外,认识到科斯没有考虑权利安排(指派)的变动是很重要的,因为当所有者主体随时间而变动时,我们很难相信资源的使用会不受影响。

第二方面的考虑涉及管制经济学的一部分内容。这里的问题是,价格上下限的设定,资金报酬率的限制,某种形式竞争的禁止,总之,就是定义所有权的权利束的一部分因受到外部管制而不能充分行使,会对所有者的行为,从而资源配置产生什么影响?研究表明,对定价权利的限制会导致短缺和排队,对租金的限制使住房竞争更依赖于肤色、信仰、家庭大小,对资金报酬率的限制会使所有者增加扩大企业规模的投资,一般的结论是,限制(约束)人们实施所有权特定权利的能力,会促使人们更多地依赖边际替代调整,比如,更密集地追求和享受所偏好的个性特征以实现效用最大化。由此导致的结果是商品的不同配置和财富的不同分配。

然后,是把所有权作为内生现象看待。这就是说,要研究决定所有权权利束发生变化的原因。就此而论,所有权本身可以视为作为原因的收益和成本的回应。实证的所有权理论要求对所有权权利结构的决定因素作系统的论述。与科斯世界不同,在权利处于变化和演进的世界里,信息和交易费用不可能为零,所有者主体、所有权权利束的内容以及所有权权利结构都是有结果的,即它们的变动都会对人们的行为和资源的配置产生影响。这就是为什么有些权利束对某些条件比对另一些条件更为合适的原因。

对于作为内生现象的所有权,文献中有两种论述方法。一种是所谓的由个人行动配置的论述方法,它假定所有者的决策不需要别人合作就能完全得到执行,资源由决策来配置,代理问题虽然不会完全消除,却也大大减轻。这里提出的是,定义所有权的权利束的内容(主要成分是排他性和可让渡性)的变化,以及这些变化与作为其原因的环境的变化是怎样相关联的问题。德姆塞茨认为,不同性质的(如公共的、私有的、国家的)所有权权利束的内容,尤其是它们的排他性和可让渡性,是十分不同的;而取决于资源的不同稀缺程度,这些所有权分别在有些情况下比在另一些情况下更具有生产性。总之,成本和收益的变化会影响所有权的变化方向。

另一种被称作由合作行动配置的论述方法。它考虑所有权同一个团队的个人实际执行意愿的资源配置的可能性如何相关联,假定执行所有者决策需要合作行动,并十分关注代理问题(偷懒、机会主义)、分散的所有权问题和垄断与外部效应问题。德姆塞茨认为,在说明企业的内部组织形式、监督的作用、报酬的方式以及涉及资产专用性的纵向一体化问题时,所有权理论的解释力可能比交易费用论、资产专用论、代理论更强。比如,报酬方式实际是对于收入流的权利的界定,定义报酬方式的权利束即对于收入流的所有权,反映的是合作各方对待偷懒的私人激励的意愿。单个企业的纵向一体化反映的是所有者利益控制的范围。此外,理解所有权结构(单个企业所有权的集中与分散程度)是否、怎样和为什么变化,对于经济活动的组织也极为重要。而随着企业规模的扩大,财富分配和有效控制的关系将对所有权安排提出要求。

德姆塞茨认为,定义所有权的产权是一种社会工具,它们的重要性,可以从它们帮助一个人形成在他与别人的交易中能够合理具有的那些预期的事实中获得。这些预期可以根据法律、习惯和道德形成。发生在市场上的交易,实际上是附着在商品和服务上的两组产权束的交换,是这些产权的价值决定了交换的价值。对于鲁滨逊的世界来说,产权是没有意义的。

产权所有者拥有的是别人允许他以产权确定的方式行事的权利。这种权利通常受到社会保护而免受干预。值得注意的是,第一,产权赋予所有者使其本人或其他人得到利益或受到损害的权利。以产品创新方式损害竞争者是允许的,但向竞争者开枪却是不被允许的。反过来,向非法闯入者开枪以保护自己是被允许的,但低于价格下限销售产品却受到禁止。第二,产权是资源使用的权利,它们往往通过禁止某种行为来确定界限。拥有土地意味着有权耕种、开发土地和出售这些权利,但却无权向过路者掷石头、改变河道或强迫别人购买。第三,对被分开使用的资源的支配可以在不止一个人之间进行分割,一些人可以拥有耕种土地的权利,而其他人或国家可以拥有穿越通行权,或将土地转作他用的权利。可见,所有者拥有的不是资源,而是使用资源的一组权利。与其将资源视为财富,不如将它们视为权利、利益更好。第四,所有者对如何使用一种特定权利的选择事实上就是控制着决定实际用途的决策过程。资源使用的决定依赖于决策过程:一种特定权利的实现可能依赖于有许多分享的决策过程。

所有权权利束的两项重要内容是排他性和可转让性。排他性(externality)指的是决定谁以一定方式使用一种稀缺资源的权利。本来,这概念是从除了所有者无人可使用资源的意义上引出的,但在这里,它被进一步扩展到包括所有者决定谁可以使用一种资源的权利。可让渡性(alienability)指的是将所有权再安排给其他人的权利。尽管一般都认为,在公共产权下,不存在排他性和可让渡性,但实际却是,如果资源真正稀缺,那么排他性就可以通过资源的实际使用而获得。比如,在公共车道上,一辆车占的位置别的车就无法通过。而可让渡性则可以通过决定是将车道卖给私人团体,还是收取过路费的政治过程来获得。在这里,使用成了决定"临时所有权"的方式。常见的先来后到的排队解决办法的实质即在于此。

分析一个社会的产权结构,有两个问题是必须考虑的。第一,存在哪些产权?显然,产权是一个历史的范畴,许多产权(如广播频率)是社会发展到一定时期才出现的。第二,谁是权利的所有者?或许,最重要的界限还在国家(公共)所有权和私人所有权之间,当然,由于资源的产权束是可分的,所以,往往会有这样的情况,一种资源或财富的部分产权在国家手中,而另一部分则在私人手中。产权结构对资源配置是有影响的。以公共产权为例,它包括使用一种资源的权利,但不包括"不在"(缺席)所有者(即排除他们)使用这种资源的权利。在这种产权安排下,除非居先或连续使用一种资源,否则,无论国家还是个人都不能排斥他人使用该资源。第一个上公路的汽车司机有公路使用权,而且,这权利会在使用中一直持续下去。第二个司机可以跟随,但却不能取代或排斥他。公共所有权常跟国家所有权联系在一起。通常,如果由国家实施排他性权利,那么产权就界定为国家产权,如军事基地;反之,如果国家不这样做,如公路,那么产权就由资源的实际使用而界定为公共产权。

公共权利的问题在于它不利于精确考核人们使用资源带来的成本。拥有公共权利的人会倾向于以全然不顾行为后果的方式去实现这些权利,如大量捕杀海豹,因为他几乎不用承担成本,而他减少捕杀的后果又只是把猎物无偿地留给别人,所以,结果是这些动物的存量下降。更明晰的事例还有,如果国家让公民把湖泊和河流看作免费物品,也就是说,如果国家像通常那样不排除人们在使用这些资源中实现公共权利,那么这些资源就会被过度使用,严重的污染就会损害资源的生产率。⑤

权利束不能以市场清算价格交换也会影响资源配置。人追求的利益是多样的。价格限制阻止了所有者追求更多的财富,但不能阻止人们在其他目标上追求利益。例如,控制房租将激励所有者把房子出租给没有小孩、不太会损坏房子的成年人。这两种对于配置影响的表现,都可以归结为这些产权安排使交易成本增大这个原因。与自由的价格机制相比,价格管制提高了配置资源的成本,并逼迫交易者更依赖于非价格配置方法。这点比较明显。而缺乏排他性权利会提高交易成本就比较隐晦。最好用例子来说明:在免费公路上行驶是一种公共权利,但希望减少堵塞的司机并未被法律禁止付费让他人去使用另外可选择的道路。问题是,这种权利安排鼓励司机们搭便车,即鼓励他们让别人付费给使用别的道路的人,以使他们坐享其成。此外,即使这种付费使堵塞减少,也会有原先不使用免费公路的人被吸引过来,这种产权下的免费公路空间的供给会创造出其使用的需求,因为新使用者不受排斥,他们也必须在得到支付后才会改道。只有排他产权,如收费公路,才能消除高交易成本在公共产权方面的这两个根源。

权利所有者主体改变也有配置效应。政府和私人所有者对政治和市场的反应显然是不同的。所有者有强烈的动力以最有价值的方式使用其产权。如果交易成本为零,那么,那些能最有价值地使用这些资源的人就容易与那些目前拥有这些资源权利的人谈判和签约。反之,如果交易成本为正,所有者主体改变就有配置效应。制度安排最重要的选择效应是重新组织对交易成本的影响。例如,圈地运动就减少了交易成本,使资源容易流向最有生产效率的地方。

德姆塞茨对本节开头提出的问题作了肯定的回答。他虽然没有正面考察企业的基本问题,但却一般地考虑了产权(类型、主体等)的资源配置效应。产权是重要的,因为它对效率有影响,倒过来也可以说,在不同的情况下,有的产权安排是有效率的,而另一些则是低效率的。

长期以来,德姆塞茨的观点被广泛引用,其中,特别是他关于私有产权形成的经验研究和他关于公共产权低效率的分析,影响尤大。他是引用拉布拉多半岛(Labrador)印第安人土地使用权的变化来说明这些的。在17世纪,对狩猎权没有限制。因为猎取猎物在只是为了个人满足同时也能够满足印第安人的食物和衣物需要时,外部成本问题并不显著。但是随着皮毛贸易的发展,狩猎范围随着皮毛价值提高而显著扩大。产权体制必须改变。如果不对不同的狩猎队实施地区分割,即限制他们的狩猎权,那么,每个狩猎队都将给其他狩猎队带来严重的外部负效益,过度狩猎的低效率是不可避免的。这实际上是个"公地悲剧"问题。对于它的分析,在许多教科书中都能找到。⑥一些学者还以此作为产权为什么应该私有的论据⑦,或经济转轨应该走私有化道路的论据⑧。限制捕猎人数意味着改变了人们持有的产权的性质。森林和平原不再是无限制的公共财产了。但是,产权性质发生改变的方式却不止一种。比如,所有的狩猎者可以达成一个用集体产权(collective rights)代替公共产权的协议。他们将有激励制定和实施有效的狩猎计划和规章,这一选择的问题是集体决策和集体行动的协调和激励成本。或者,在每一个地区,可以由一个狩猎者买断其他人的公共产权。只要这些权利的价格低于对狩猎区的商业性利用所产生的期望盈余,在交易中就会实现利润。这一选择的问题包含的谈判和交易成本可能很大,因为那些坚持不接受出价的人会处于强有力的谈判位置上。如果某个人能利用自己的地位与力量,或者政府能利用自己的地位与力量强制实施这种产权转变,就有可能降低这些交易成本。在德姆塞茨看来,只要人们发觉从产权改变中可以取得的效率收益足以补偿建立和监督新产权结构涉及的交易成本,那么某种形式的产权改变就一定会发生。⑨为什么发生在拉布拉多的过程在西南部印第安平原没有发生?德姆塞茨的解释是,在平原地区界定和监督产权的成本要比在森林地区高得多。在平原上游弋的动物活动领域很广,而森林中动物的活动区域有限。因此,简单地划分一块可以监督的领域并不足以从在一块平原上放牧的权利中获利。所以,那里的产权依然是公共的和开放的。

3.团队生产,监控和激励

为什么有些专业化与合作的生产要通过企业而不是通过市场来进行?为什么企业会采取所有者—监控者结构?换言之,什么是企业的配置作用？什么是企业的激励作用？这些，是阿尔钦和德姆塞茨认为经济组织理论必须正视，也是他们力图回答的两个重要问题。[10]

阿尔钦和德姆塞茨是沿着科斯开辟的交易成本的分析方向探讨问题的。他们认为，科斯提出的市场运作是有费用的观点，在其他条件不变的情况下，通过市场交易的费用越大，在企业内部组织资源的比较优势就越大的观点，都是正确的，因此，他们愿意将企业理论置于科斯提供的逻辑关系中讨论；但是，他们又认为，企业理论也可以不是通过市场，而是更容易地通过企业的管理费用来确立：在其他条件不变的情况下，管理的费用越低，在企业内部组织资源的比较优势就越大。因此，他们决定将科斯的理论向前推进一步，办法是说明企业的意义是什么，并解释在怎样的环境下，管理资源的成本低于由市场交易来配置资源的成本。这是一条有别于科斯的路径。他们为此提出了团队生产、测度、监控、偷闲、剩余权利等一系列科斯所没有的概念，从而对企业理论做出了他们的重要贡献。

他们指出，科斯所说的，企业的特征在于它是通过比普通的市场拥有更为优越的权利（如命令、强制或行动的纪律约束等）来解决问题，例如雇主有令雇员做什么的权威，是一种幻觉。他们诘难道：企业靠什么保证雇员一定服从雇主（在合同限制的范围内）呢？如果雇员不服从，它又能怎么样呢？不过是解雇而已。这种权威，同市场交易中单个消费者向食品商分派任务的情况没有区别。所以，企业的实质不是雇主与雇员的长期合同，而是团队生产；在所有投入的合同中，处于集权位置的团体充当合约代理人，统一使用所有投入。企业这种合同形式就是团队生产诱致的。[11]

阿尔钦和德姆塞茨自己的企业理论，是在交易成本和合同分析的框架下展开的，特别强调了进行团队生产的企业成员的激励问题。主要内容是：第一，经济组织有两个重要的测度需求——投入的生产率的测度和报酬的测度。这种测度的重要性在于,它能促进所有投入所有者的合作,发挥各自在专业化分工与协作中的比较优势,提高整个组织的生产率。显然,如果测度正确,报酬的支付与生产率相一致,情况就会是这样。反之,如果测度不正确,随机进行支付,并不考虑生产者的努力,那么组织就没有提供生产努力的激励。而如果报酬与生产率负相关,那么这种组织就是破坏性的。测度的目的,就是设计出一种计量的机制,使报酬符合投入的生产力。这是效率的源泉。在许多情况下,市场机制可以解决这个测度问题。例如一位农民增加10%的小麦产量,那么在现行价格下,他就会增加10%的报酬。这种组织经济的方式是对产出进行直接测度,以使分配给要素所有者的报酬同他们的贡献相一致。这种分散的、直接的市场交换机制在此成功提供激励的条件,要求市场报酬的变化对相应的产出变化负责任。但是,在新古典经济学中,这个问题却被生产率会自动创造对它的相应报酬的假设抹掉了。要害在于,如果实际不是这样,而是由于某种原因,使测度变得困难起来,那么,不就有了何种组织方式(市场或企业)能节约测度费用的选择了吗?进一步,如果考虑到报酬不仅依赖于生产率,而且也能刺激生产率的话,那么,不就又有了何种组织结构能更有效地提供激励的选择了吗?阿尔钦和德姆塞茨就是从这里切入为什么要有企业和为什么企业会有古典结构的讨论的。

第二,合作(联合)生产的产出,由于利用专业化分工的优势和规模经济的好处等,通常会大于分别生产的产出之和再加上组织约束合作生产成员的成本。而在这种情况下,就应该使用合作性的生产活动,即使用团队生产。所谓团队生产是这样一种生产:(1)使用几种资源;(2)产出不是每种合作资源分别产出的和,一个追加的因素创造了组织问题;(3)团队生产所用资源不属于一个人,且不论联合使用的资源何以不由一人所有,承接上面的考虑,这里的问题应该是,团队如何向它的成员支付报酬,才能诱使他们有效率地工作。困难在于,团队生产中参与合作的成员的边际产品无法直接地、分别地、便宜地观察和测度。团队向市场提供的产品是联合产品,并不是每个成员的边际产品。这就像两个人把一个物体装上车,很难确定他们每个人各自的贡献。这种情况必定导致搭便车问题(free ride problem),团队成员因为能将偷闲(shirking)的成本转嫁给别人〔换言之,他的产出与闲暇之间可实现的(报酬)替代率低于真实替代率〕,而获得偷闲和欺骗(cheating)的激励,结果使团队生产率受到损害。如果这些偷闲和欺骗能被低费用地监测到,那么它们就可能不会出现。因此,需要找到能使测度费用和观察费用尽可能低的组织方式。从原则上说,市场竞争是一种解决问题的办法。那些不是团队成员的要素所有者会作为对团队一个较小报酬的回报,来替代那些过度偷闲的成员,而后者因为恐于被替代,就会增加努力。在这种情况下,团队也会演化成市场(没有组织的代理人、团队的管理者、老板)。但是,由于:(1)作为团队成员的挑战者要知道偷闲者何在且偷闲程度如何是一个严重的问题,即要知道同他们所替代的相比,他们所能增加的净产出是一个严重的问题;(2)新的挑战者一旦进入团队,其偷闲的激励至少仍然和他替代的投入的偷闲的激励一样大,因为他承担的费用仍然低于他应负责的整个团队产出的下降,所以,完全靠市场不能解决问题。[12]

第三,减少偷闲的另一种方式,是在团队内形成一种可监控的结构,使某些人的职能专业化,专门从事监控其他要素所有者的工作。注意,这里的监控(monitor)一词,有着宽泛的含义,它既指纪律、产出绩效的度量和按比例分配报酬,又指以监察(detecting)与估计投入的边际生产率的方式来观察投入者的投入行为(例如,两个装运工中的每一个在搬货物上卡车时,他转向下一件货物的速度有多快,他吸了几口烟,被举起的货物有多大程度向他那边倾斜),并给出应该做什么和怎么做的指派(assignment)和命令(instruction),此外,还指强制性地终止或修改合同,和在不改变其他投入合约的情况下给予个别成员激励,以及监控者权利的出售。显然,这个监控,已经把剩余控制权即法律或契约未作明文规定的关于资产使用的决定权包括在内,而在经济学的意义上,这个权利正是所有权的核心。假定这样的监控可以有效地使被监控者减少偷闲的话,这里仍然还有一个问题没有解决,那就是,谁来监控监控者呢?或者,凭什么保证监控者不偷闲呢?这是一个激励机制的设计问题,也是一个产权制度的安排问题,解决的办法,是将剩余索取权赋予监控者。

第四,所谓剩余索取权,指的是对于团队的净收入及向其他投入支付报酬的权利。如果合作投入的所有者同意监控者可以获得剩余,那么后者就获得了不偷闲的追加的激励。他越是努力,其他成员就越难偷闲,团队的生产率就越高,要素报酬和监控者剩余也就越大。他们各尽其力地激励,从而努力和效率就这样相互促进,良性循环。监控者为获得剩余而使偷闲减少,主要是通过观察与指导投入的行为和使用来实现的。管理与检查团队生产中所使用的投入的方式,于是成为团队生产中单个投入的边际生产率的计量方式。这样的监控费用同市场方式相对照是比较低的(监控费用也是交易费用)。此外,把剩余授予集权的监控者所有,要比把剩余分给全体成员会更有效率,因为,如果所有的团队成员依赖于对利润的分享,则集权的监控者偷闲的增加所导致的损失将超过对其他团队成员不偷闲的激励的增加所导致的产出得益。而且,事实上,如果这种对于利润的分享不是根据投入的相对贡献的话(没有监控者很难做到),成员的偷闲问题就仍然不会解决。相反,如果把剩余给监控者,那么,由于他同时又是决策者和监督者,出于追求尽可能多的剩余的愿望,他就会努力地作出好的决策和实施有效的管理。

第五,在进行联合的团队生产的时候,由于上面种种原因,特别是,由于内部监控费用低于其他(市场)监测费用,所以就产生了由监控者充当中心代理人的合同安排形式。古典的资本主义企业就是这样的一种合同安排:(1)联合投入的生产;(2)有几个投入的所有者;(3)有一个团体对所有联合投入的合同是共同的;(4)享有这些权利的人可以独立于其他投入所有者的合同,而与任何投入进行合同再谈判;(5)他有剩余索取权;(6)他有监控的权利和职责;(7)他可以改变团队成员的资格;(8)他可以出售这些用来定义古典企业所有制的权利,即可以出售他所集中的对于合同的剩余权利。它之所以形成的两个必要条件是:(1)通过团队导向的生产可以提高生产率,它所使用的生产技术使得直接度量合作性投入的边际产品存在费用,这使得合作投入者之间通过市场交换更难对偷闲加以限制;(2)通过观察和确定投入的行为来估计边际生产率是经济的。这也就是说,正是因为不具备关于投入者的边际生产率和努力程度的完全信息,或者说,信息成本很高,所以才需要企业这样一种特殊的监控装置。而这,就是企业为什么存在的原因。那么,为什么会有一个所有者-雇主成为同团队活动中其他投入所有者的合同的共同部分即中心签约人呢?或者,谁有资格充当企业的所有者-剩余索取者-监控者呢?

第六,在古典企业中,有资格充当所有者-剩余索取者-监控者的,一般都是可以再出售的企业设备的投资者。这是因为,由于他们将机器、土地、建筑物和原材料等财富交给了企业,所以他们才能使所雇的其他投入要素相信,即使出现亏损,他们也有能力支付承诺的报酬。而劳动者要提供其财富——人力资本,因为涉及给出人的产权,所以不可行(换言之,劳动力因此多以被雇用的形式使用)。另一方面,联合使用的资源中,有的是中心所有者-监控者所拥有的,有的则是从非团队所有者那里雇用来的。一般地说,耐用资源应当拥有而非租用。这是因为,使用耐用资源会有折旧,所以它的支付至少必须补偿它的使用成本——由使用引起的折旧。假定一把斧子,它的不仔细使用比仔细使用更加容易,它的滥用会引起更大的折旧。假定通过观察它被使用的方式比通过观察它被使用后的状况,或者通过度量劳动者得自斧子的产出,更容易监察(detect)它是否被滥用。那么很明显,斧子出租和在所有者缺席场合被使用引起的折旧,会大于它在所有者的观察下,并按照实际折旧索价时被使用所引起的折旧。因为在这种情况下的预期使用成本将高于所有者在场时的使用成本,所以缺席的所有者将索要较高的租用价格。因此,租用比所有者使用费用更高。而既然所有者能看到监察这类投入在使用中的折旧,比观察它们在使用前后的状况容易,那他们就一定会使用而不租赁。在被别人使用时使用成本难以观察的资源应当由所有者使用。所以,缺席所有制是很少可能的。

第七,企业形式有多种类型,它们的每一种产权结构,都面临提供激励、减少偷闲的任务。举例来说,利润分享企业比较适合小规模的团队,特别是艺术性或专长性投入的合伙制团队。一方面,两个和十个投入所有者相比,肯定更少偷闲,因为前者比后者要承担更多偷闲导致的损失,所以,在等额利润分享制下,偷闲的激励与团队的规模正相关。另一方面,利润分享也有促进自我控制和相互监督,减少专业(职)化监控的好处,特别是,如果对投入(如律师、医生等的服务)的管理成本比较高(如大于提高努力的收益)或者管理无效,而团队生产又比市场交换的分别生产有效率的话,这种安排就更有存在的根据。南斯拉夫式的雇员所有企业,由于对剩余的普遍分享导致监控者增加偷闲引起的损失超过分享剩余的雇员减少偷闲带来的收益,所以需要补充管理技术(比如授予工人委员会建议终止管理者的合约的权利)来降低管理者因此增加的偷闲激励。现代公司在筹集巨资的同时,必须对付大量股东引起的问题:每一个股东都参加决策,不仅会导致较大的官僚化成本,而且由于与不可预期的坏的决策相联系的损失的大部分是由其他股东承担,所以股东会有严重的搭便车和偷闲的激励。因此,必须相应地进行制度创新,如确立有限责任;一般股东可以不经其他股东同意,就出售他的股权(从不赞成的人的控制中转移资产,而不试图控制管理者的决策);形成决策性权力集团(向古典企业暂时复活),同时建立对管理者产生潜在压力的内外管理者竞争市场;所有者必须保持更换管理者的权利。共有的非营利企业,如学校,由于监督费用较高,所以可行的偷闲——用较多的闲暇、便利形式的支付来补偿较少的现金报酬就成为结果。合伙制采用自我监督,而非雇主-雇员合约,这较适宜家族式企业。至于雇员同盟监督雇主,最好雇用专家进行。总之,人人都会承认,没人偷闲对大家都好。因此,应当提倡团队精神和忠诚。

第八,在企业中,雇主利用监控诸多投入的机会,以比较市场远为廉价的代价获得了投入的生产技能等方面的信息,因此,他可以更有效地发布指令,向团队成员提供比在企业外更加有利的机会,使投入资源得到比在外面更经济、更优良的组合。最后,由于对异质资源的了解,所以,资源的有效生产就不再是用好的资源来替代差的,而是按照它们的相对生产绩效加以利用,并与它们的优劣性相一致,给予相应的报酬,显然,这样的投入安排是有利可图的。由于企业具有收集、整理和出售信息的功能,所以又可以把它看作一种增进投放资源的竞争的装置,和一种能更有效地向投入支付报酬的装置。

阿尔钦和德姆塞茨至少在这样几个方面推进了科斯的研究。首先,他们认识到了企业成员的合作的行为性质,指出那是一种团队生产,有较高的生产率,而科斯则没有对新古典经济学的非合作的行为原则提出疑问。其次,他们认识到了组织就是由合同、协议和内部各个成员之间的默契构成的一系列关系的总和。企业就是一个与其供应商、工人、投资者和客户签订了简单的双边合同的法律实体,而所有者则是中心缔约代理人,统一使用所有投入。同新古典企业理论将企业作为整体的"黑盒子"看待相比,他们的分析深入到了企业成员之间的合同关系,显然是一个重大的进步。再次,与新古典完全忽略企业内部的激励问题和组织问题相对照,他们认识到了对企业成员进行激励的作用。要团队成员努力,须按其边际生产率给予报酬,这要费用;而团队成员各有自己的信息和利益,只要不被发现,就会偷闲,因此,必须监控,这也要费用,办法是建立监控层级,并给最后监控者以剩余。最后,他们认识到了剩余控制权和剩余索取权的匹配问题。把前者与后者匹配,那么,决策的对错优劣,监督的认真敷衍,就直接关系到剩余收益的大小,因此,出于对最大剩余的追求,监督者也会尽努力作出令人满意的决策。

当然,他们也有不足之处。比如,没有能够说明,为什么团队生产和监控必须由企业而不能由市场解决这样一个问题,为什么实际中公司的监控者通常并不是剩余索取者,所有者很少为区分个人的贡献监控经营者,也没有能够说明企业的边界何在,因为没有什么能表明监控者一定不是雇员,同样,对于工人来说,也没有什么能表明一定要作为雇员而不可作为独立的代理人被监控和支付。此外,监控的企业论还有两个弱点,那就是,它无法解释水平合并,因为好像不存在监控的规模经济。它也没有抓住公司所有者与实际参与相分离的特征。而这些,又可能同未能正确理解合同的性质有关。

在他们的文章发表十年以后,霍姆斯特罗姆再次提到了团队生产中的道德危险问题。他证明,在确定的情况下,满足平衡预算条件的纳什均衡努力水平严格小于帕累托最优努力水平。要想通过纳什均衡达到帕累托最优,就必须打破预算平衡,用"团体惩罚"(团体激励)来消除团队内的偷懒、欺骗等搭便车行为。剩余索取者的引入,不是为了监督成员的努力,因为激励机制本身就能解决这个问题。他们的出现,实际是为了确保激励机制起到作用,因为只有剩余索取者扮演中心缔约人角色,团队成员才会相信惩罚和激励的确是真实的。此外,他还认为,业主的监督作用,在团队规模很大,业主和成员都受到初始财富约束,和成员是风险回避者时,才是重要的。因为在这种情况下,直接监督成本可能小于实施激励与分担风险的成本。[13]

4.经理行为、代理成本和所有权结构

詹森和麦克林1976年发表的《企业理论:经理行为、代理成本和所有权结构》一文[14],是一篇影响很大的经典著述。它吸收了代理理论、产权理论和融资理论的近期成果,将它们的要素糅合,提出了一个企业的所有权结构理论。它研究由债务和外部权益所产生的代理成本,说明它们与"所有权同控制权分离"的关系。诚如作者自己所说,他们的理论可以帮助解释:(1)为什么一个具有固定融资结构(既有债务又有外部股权)的企业的企业主或经理对企业所采取的一系列活动最终导致企业的总价值低于他是企业唯一所有者时的企业的总价值,以及为什么这个结论与企业是在垄断性的或竞争性的产品市场和要素市场中营运无关? (2)为什么不能实现企业价值最大化与效率问题密切相关? (3)为什么即便经营者们没有尽力实现企业价值的最大化,发行(出售)普通股票仍然是获得资金的一个来源? (4)为什么在给予债务融资比股权融资优惠的税收政策之前就把债务作为一种资金来源?(5)为什么要发行优先股票? (6)为什么要主动向债权人和股票持有人提供会计报告,为什么要有独立的监管者来验证这类报告的精确性与正确性? (7)为什么放款者要对他们所放款企业的行为经常施加一些限制,为什么企业愿意接受这些限制的存在? (8)为什么某些行业

有许多所有者经营的企业,这些企业的唯一的外部资金来源是借款?(9)对应于同样的风险水平,为什么高度管制行业如公共设施或银行的债务权益比要高于非管制企业的平均水平?(10)为什么证券分析即便是在没有增加投资者有价证券收益的情况下仍具有社会生产力?

产权、代理关系和企业

詹森和麦克林认为,传统新古典经济学中的企业理论,实际上是企业在其中扮演重要角色的市场理论。企业作为一个"黑盒子",按有关产出和投入的边际条件运行,以实现利润或现值的最大化。它们不能解释企业中各个参与者相互冲突的目标是怎样达到均衡而实现这种结果,也不能解释"所有权与控制权的分离"现象和大公司经理的行为。

在他们看来,企业的本质是合同关系,不仅有与雇员的,而且还有与供给商、客户和贷款人的合同关系。阿尔钦和德姆塞茨强调监控重要是对的,但是监控不仅在团队生产中需要,实际上,所有这些合同关系中都存在代理成本和监控问题,联合生产只能解释一小部分与企业有关的个人的行为。认识绝大部分组织都只是个人之间合同关系的纽结很重要,不仅企业是,而且大学、医院、银行、邮局甚至政府都是这样的纽结。不同的是,私人公司和企业还有这样的特征:存在对于组织的资产和现金流量可分的、一般不必由其他合约人同意就可出售的剩余索取权。对企业这样下定义,有利于把注意力集中到关键问题上——为什么不同形式的组织会有其特定的合同关系?这些合同关系的结果是什么?它们如何受组织的外生变化的影响?以此观点看问题,把那些企业"内部"事情同"外部"事情区别开来就没有太大意思,真正有意义的只是企业(法律虚构)与劳动、原料、资本投入的所有者和产品消费者之间的复杂的合同关系。把企业人格化,比如说,问企业的目标函数是什么,就是严重的误导。企业不是个人,而是使许多个人冲突的目标在合同关系框架中实现均衡的复杂过程的焦点。

因此,产权这个概念就有了决定成本和报酬如何在一个组织的参与者之间进行分配这个更宽一些的含义。由于权利通常都是由或明或暗的合同规定的,所以组织中个人,包括经理人员的行为,都取决于这些合同的性质,换言之,合同,尤其是企业所有者与经营者之间的合同中规定的产权,应当具有明确的行为含义。

同产权理论相关或者互补的是委托代理理论。詹森和麦克林把代理关系定义为这样一种合同关系:委托人授予代理人某些决策权,要求代理人提供有利于委托人利益的服务。然后认为,假定双方都追求效用最大化,那么就有理由相信,代理人不会总是根据委托人的利益采取行动。为解决这个问题,第一,委托人可以激励和监控代理人,以使后者为他们的利益尽力;第二,代理人可以用一定的资源担保不损害委托人的利益,或者,即使损害,也一定给予补偿。显然,这样就有正的委托人监控成本和代理人担保成本发生。此外,即便如此,代理人的决策与使委托人效用最大化的决策仍会有差异,由此造成的委托人的利益损失,叫做"剩余损失",也是一种代理成本。公司股东和经营者的关系,完全符合代理关系定义,所以,与在所有权分散的现代公司中的所有权与控制权分离相关的问题,最终都和代理问题有关。代理问题的通则是导致代理人采取仿佛在使委托人的福利实现最大化的行为,它存在于所有的组织和合作努力中。说明公司形式为什么和如何产生代理成本,就能引申出企业的所有权(或资本)结构理论。为此,他们把注意力集中在由公司所有者和高层经营者之间的合同安排所产生的代理成本上,先分析股权和债权的代理成本,然后分析业主—经营者如何在内、外部股权及债权之间进行选择。值得注意的是,委托代理理论通常分为规范和实证两类。前者侧重如何构造委托人和代理人间的合同关系以对代理人在存在不确定性和不完全监控的情况下作出使委托人福利最大化的选择提供适当的激励。而后者则假定这些规范问题已经解决,并给定只有股票和债券可以作为索取权发行,然后研究决定表征企业经营者与外部股票和债券持有者之间关系的均衡合同形式的要素和每一方面临的激励。在理论史上,詹森和麦克林的理论一直被视为委托代理理论最早的代表。

外部股权的代理成本

考虑 100% 拥有和控制企业的单个所有者兼经营者的行为,和他在把部分索取权出售给外部人以后的行为有什么不同,来分析卖出部分股权对所有者财富和效用的影响,和对于代理成本的影响。为了简化模型忽略股权分散对所有者的好处和同所有权相关联的效用的损失,假定没有债务、税收,外部股权没有投票权,业主货币工资固定,等等。令 X 代表直接向所有者兼经营者提供非货币收益即在职消费的企业全部要素和活动的向量,按成本 $C(X)$ 提供企业收入 $P(X)$,则净收益为 $B(X) = P(X) - C(X)$。忽略 X 对边际效用的影响,最优要素和活动向量由下式给出:

$$dB(X^*)/dX^* = dP(X^*)/dX^* - dC(X^*)/dX^* = 0$$

可是,如果经营者按自己偏好的活动选择 $X > X^*$,那么 $F \equiv B(X^*) - B(X)$ 表示为经营者创造效用的要素和活动增量 $X - X^*$ 给企业造成的成本。用现金流量的现值表示成本和收益,所有者面对约束条件 $V - F$,其中 V 表示 $F = 0, X = X^*$ 时企业产生的最优现金流量的市场价值,它的位置取决于假设给定的企业规模和经营者工资合同。它的斜率为 -1,因为非货币收益的追加净成本会造成企业价值相应下降。所有者兼经营者的效用既取决于 V,又取决于 F,V 对 F 的边际替代率递减,效用最大化的所有者兼经营者在比如 F^*V^* 处达到均衡:牺牲 $V - V^*$ 财富以获取非货币收益 F^*。

如果所有者兼经营者将$(1-a)$部分的股权卖给外部人,那么,他就只承受F的aF部分成本,因此,F即他以津贴形式消费的公司资源的水平就会提高,而他寻找获利机会的努力就会下降,在这种情况下,詹森和麦克林证明,如果股市有效,股东就不会支付$(1-a)V^*$,而只会支付预期企业价值(低于V^*的V)的$(1-a)$部分,这意味着整个价值下降(V^*-V)都由原所有者承担。这个由代理关系造成的企业价值下降值,就是剩余损失的度量。企业价值从而股价下跌使得在股市融资的成本提高。

事实上,监控和担保(bonding)可以削弱经营者的相机处置权,改变他们获得F的机会,从而使企业的价值上升。设外部人可以承受的监控支出M能使$F=F(M,a)$按递减的比率下降,从而使企业价值从V上升到V',且股市有效,则对外部人来说,按$(1-a)V$价购买但无监控权和按$(1-a)V'$价格购买但有监控权这两个合同安排等价,而因此增加的企业价值(扣除监控成本)全部计入内部人财富,虽然他的福利增量还要扣去放弃的F。有意思的是,由于监控成本不论谁付,最后都在企业价值即所有者财富中承担,所以内部人还可以采取各种办法为自己的行为担保,尽管这也有成本(如限制了行动自由),但只要它小于监控成本,或者,它的边际收益大于边际成本,它就会被采纳。

代理成本的存在和大小取决于监控成本、经营者偏好等。竞争不能消除代理成本。代理成本为零和为正时的企业价值差异,就是所有权和控制权分离的成本。然而困惑是,为何现代公司还会大量存在?为何人们愿意成为剩余索取者?一个解释是有限责任,但这不充分,比较完整的答复要在分析了债务的代理成本后作出。总之,基本的詹森和麦克林模型说明:(1)对事后经理机会主义的充分预期会导致出售者事前承受它的成本;(2)限制经理的控制手段在它们的边际成本等于边际收益以前值得采用;(3)对购买者和销售者联合支付的最大化要求控制成本和剩余损失的最小化。然而,这个模型也假定掉了许多所有者—经营者关系中的重要因素,如:(1)监控和惩戒经营者的成本不仅取决于 a,而且取决于外部有选择权的股权的分配(Cubbin and Leech,1983);(2)一切用现值表示假定掉了不确定性,包括项目风险;(3)当债务包括在资金来源中时,所选项目的风险会引起财富在债权和股权之间转移。

债务的代理成本

和债务有关的代理成本可以分为三类。第一类是债务对企业投资决策影响引起的机会财富损失。假定企业可以在两个等成本的相互排他的投资机会中进行选择,每个在未来 T 时期产生随机回报 $\bar{X}_j(j=1, 2)$。为简化计,假定这两种分配都是对数正态分布,且有同样的预期总回报 $E(\bar{X})$,分布的差别只在方差 $\sigma_1^2 < \sigma_2^2$,这些隐含着这两个分布的总市场价值 V 相同。

如果所有者兼经营者有权决定作哪个投资,然后又能以债务或股权的形式出售部分或全部对于结果的索取权,那么他在两个投资间就无差异。但是,如果他有机会先发债务,然后决定投资项目,再在市场上出售部分或全部余下的股权索取权,那他在这两个投资间就不是无差异了。因为通过许诺做低方差项目,发出债券,然后却做高方差项目,他可以把财富从债权人那里转移到作为股权持有者的他自己手中。令 X^* 为售出债券的固定索取权,使得它们的持有者的总回报 R_j 为:如果 $\bar{X}_j \geq X^*$,则 $R_j = X^*$;如果 $\bar{X}_j \leq X^*$,则 $R_j = \bar{X}_j$。令 B_1 和 B_2 分别为作投资 1 和 2 的债权人的索取权市场现值。因为企业总价值 V 在这里独立于投资选择和融资决策,所以可以用布莱克-斯科勒斯(Black-Scholes,1973)选择权定价模型来决定每种选择下的债务价值 B_j 和股权价值 S_j。由于股票价值随结果分布方差增大而增加。并且 $\sigma_1^2 < \sigma_2^2$,所以 $S_1 <$

S_2，又因为 $B_1=V-S_1$，$B_2=V-S_2$，所以 $B_1>B_2$。

假定经营者在潜在债权人相信其具有对分布 1 的索取权的情况下出售面值 X^* 的债券，那经营者就能得收入 B_1，并有股权利益 S_1。但 $S_1<S_2$，所以经营者会将投资转向高方差分布 2，通过把债权人的财富再分配给自己而使自己境况变好。然而，如果债权人意识到经营者有机会，且其效用最大化决策也会使其选择分布 2，那么债权人对 X^* 就只会支付 B_2，从而使财富再分配无从发生。

现在，假定现金流量分布 2 的预期值 $E(X_2)$ 小于分布 1 的 $E(X_1)$。那么，知道 $V_1>V_2$，且如果 $\Delta V=V_1-V_2=(S_1-S_2)+(B_1-B_2)$ 相对债券价值减少来说足够小，则股权价值就会上升。变换此式得两种投资下的股权价值的差 $S_2-S_1=(B_1-B_2)-(V_1-V_2)$，右边第一项为来自债权人的财富转移，第二项为企业总价值的下降。因为第一项为正，所以即使第二项也为正，左边也可能为正。而只要债权人知道有股权的经营者会用他的钱冒险，他支付的价格就不会大于 B_2。很明显，如果经营者用自己的钱投资，他定会选择项目 1，因为支出一样，而 $V_1>V_2$。可见 V_1-V_2 即债务融资的剩余损失的代理成本。

第二类是监控和担保成本。一方面，债权人是可以设法限制上述损失发生的，但由此就会有监控成本发生（合同成本，对自主权的限制）。另一方面，由于这些成本要经营者承担，所以，经营者有时会发现，由他们自己提供财务信息可能更加有利，虽然这样会有担保成本发生。

第三类是破产和重组成本。若企业不能及时清偿债务，或违反合同中的破产条款，就会破产，这时股东丧失全部索取权，余下的固定索取权面值和企业市场价值差异的损失，由债权人承担。企业资产清理仅在企业产生的未来现金流量小于资产机会成本即分批卖出资产而实现的价值总量时才会发生。但是，明确写清在各种或有事件中的权利，以及在破产实施时的裁定都有成本，这成本影响破产时债权人的回报，所以,只要债权人估计到这一点,破产成本的全部财富效应就会由所有者兼经营者承担。一般地,破产概率增加会使企业收入下降,运营成本上升。在这些情况下,仍存在债务融资,主要原因一是利息有税收补贴,二是有潜在的有利的投资机会。

公司的所有权结构理论

对于既定规模的企业,这个理论要决定经营者持有的内部股权 S_i,外部股东持有的外部股权 S_0,和外部人持有的债权 B 三个变量,股权的总市场价值 $S=S_i+S_0$,企业的总市场价值 $V=S+B$。另外,也想有一个决定最佳企业规模即投资水平的理论。

先考虑 $E^*=S_0^*/B+S_0$ 的最优比例决定问题。如上所述,只要股市有效,债权和外部股权这样的资产的价格就会正确地反映代理关系导致的监控成本和再分配,所有者兼经营者将承担代理成本,因此,要找到 E^*,以使作为 E 的函数的总代理成本 $A_T(E) = A_{S_0}(E) + A_B(E)$ 最小。这里的 $A_{S_0}(E)$ 为所有者兼经营者利用外部股东而产生的代理成本,在 $E=0$ 时,经营者对利用外部股权没有兴趣,它也为 0,当 E 增加时,它也增加。$A_B(E)$ 为其资本结构中由债务而产生的代理成本。在 $S_0=E=0$ 时,外部资金全由举债获得,它达到最大。在 $B=0$ 时,$E=1$,它为零。因为,第一,债少了,从债权人手中转移出财富变得困难,第二,S_0 上升,使他在再分配中的份额 $S_i/(S_0 + S_i)$ 下降,所以他对把财富从债权人那里转移到自己手中的激励减少。有了 A_T,就容易找到使它最小的那个 E 了。

再考虑外部融资的规模效应。这是为了研究增加外部融资 $B + S_0$、减少内部股权 S_i 的效应。设企业规模 V^* 不变,定义一个外部融资指数 $K = (B + S_0)/V^*$,考虑对应于 K_0 和 $K_1(K_0 < K_1)$ 的代理成本。随着 K 的提高,所有者兼经营者对企业索取权的比重下降,这会诱使他

增加非货币收益,也会提高监控的边际收益,从而使最优监控水平提高,结果,使 As_0 增加。同样,因为第一类债务融资的代理成本明显随着债务总量增加而提高,所以 A_B 也随着 K 一起提高。因此,总的说,扩大外部融资将使总代理成本增加。

有必要在此一提的一个问题是,尽量利用内部资金,显然可以减少外部融资带来的代理成本,但是,所有者兼经营者却往往只将很小部分财富投入自己经营的企业,这里的原因最主要的当是为了规避风险和实施最优资产组合。

最后,是最优外部融资比例 K^* 的决定。假定总代理成本在 K 较低时以递增速度增加,在 K 较高时以递减速度增加,因为监控在加强。再将经营者对外部融资的需求用剩余曲线表示,这曲线描述的是经营者通过降低他的所有权索取权使他的资产组合最优化的边际价值,同时包括他的消费集受到的影响。这样,这两条曲线的交点就决定了最优外部融资比例 K^*,也决定了所有者兼经营者承担的全部代理成本。这是个帕累托最优解。

蒂罗等曾在《企业理论》一文中指出,企业的资本结构理论,可以归纳为三类,其中一类把资本结构看作对经营者激励计划的一部分,对经营者的激励发生变化,报酬流量也随着发生变化。詹森和麦克林的上述理论,就是这一类的典型代表。[15]

5.契约人假定、交易性质和合同的治理

何以会有如此众多的组织形式?各种可供选择的组织形式服务于什么目的?交易成本和经济组织的关系是什么?合同理论能否、怎样说明显著不同的劳动力市场、资本市场、中间产品市场、公司治理、管制和家庭组织?在人力、技术和过程方面,这个贯穿所有组织的合同理论

依据的核心特征是什么？这些，是威廉姆森交易成本经济学主要关心的问题。⑯

同其他经济组织理论和方法相比较，交易成本经济学的主要研究特色是：(1)更注重微观分析，(2)对于它的行为假设较有自我意识，(3)引入并展开资产专用性的经济重要性，(4)更依赖比较制度分析，(5)认为工商企业与其说是生产函数，不如说是治理结构，(6)较重视事后的合同制度，特别重视私人指令（与法院的指令相比较），及(7)拟成相结合的法律、经济学与组织的观点。

他的基本研究方法，承袭了康芒斯的传统，以交易即物或服务从一个人到另一个人的转移，而不是以人作为最基本的分析单位。由于任何交易或明或暗地总是在一定的合同关系中进行的，所以，合同方法成为分析交易最基本的方法。一切能够形式化为合同关系的问题都可以而且应该用这个方法研究。比较、研究不同组织、不同制度的主旨，是看它们对于交易成本的节约。经济组织的问题是设计能实现这种节约的合同和治理结构。

威廉姆森交易成本经济学大致包括以下内容：(1)交易成本经济学的法律、经济学和组织学来源及其发展阶段；(2)合约人的行为假设和交易成本的决定因素；(3)合约关系治理和作为治理结构的企业；(4)垂直一体化：理论、政策和证据；(5)威廉姆森之谜：为何企业不会无限扩大？(6)非标准合约的应用和可信的承诺；(7)层级制；(8)有效劳动组织；(9)现代公司：M型结构；(10)公司治理：董事会；(11)管制和放松管制；(12)反托拉斯。

威廉姆森交易成本经济学在交易成本经济学中的地位，如果同科斯比较，那么，科斯就应该是创立者，因为他最早提出交易成本概念并用以分析企业的性质和替代市场的原因，而威廉姆森则应该是追随者、发展者，因为他进一步分析了交易成本的决定因素以及它们对企业组织产生的影响;如果同阿尔钦、德姆塞茨以及克雷普斯比较,那么他们虽然都是科斯的追随者,但却是从不同的角度,比如说,阿尔钦和德姆塞茨强调的是团队生产的测度成本,克雷普斯强调的是公司文化和声誉的作用,而威廉姆森强调的则是不完全合约情况下关系专用性投资不足的成本,来回答同一个问题:企业是如何降低交易成本的,它的界限何在?当然,在这种比较中也可以发现,与其他学者相对照,威廉姆森要显得更加综合一些。

行为性假定

许多经济学家认为行为性假定是不重要的。但是交易成本经济学却认为行为性假定是重要的,因为这些假定把对合同的研究定在了可行的子学科领域内。

奈特曾经指出,研究经济组织,需要有对"我们所知的人的性质"的正确评价[17]。科斯近来也说,"现代制度经济学应以实际的制度为出发点。让我们也是怎样就怎样地以人为出发点"[18]。他因此极力主张放弃人是"理性的效用极大化者"的观点,以恢复"实际的人"的显著特点。由此可见,修正新古典经济学的经济人行为假定,是很多新理论,包括交易成本理论的共同要求。

威廉姆森认为,实际的人都是契约人,他们无不处于交易中,并用明的或暗的合同来治理他们的交易。契约人的行为特征,不同于经济人的理性行为,而体现在这样两个方面:第一,是有限理性,第二,是机会主义。

按西蒙的定义,有限理性指的是"主观上追求理性,但客观上只能有限地做到这一点"[19]的行为特征。有限理性的重要性在于:首先,它表明人们对交易过程中有可能出现的每种偶然事件进行考虑和订约是有代价的;换言之,设计或制定合同的事前成本可能是很高的,以致人们无法在合同中为各种偶然事件确定对策,或者许多偶然事件根本就无法预测,也无法在合同中列出。其次,事先没有考虑到的偶然事件会增加事后成本,因为当这些事件出现时就需要重新进行谈判和缔约。再次,由于预料到一定会有某些偶然事件事前没有想到,所以交易各方可能在初始合同中订立如何"善后"的具体措施,从而使管理成本等增加。

在完全理性假定下,人们有能力进行全面的事前缔约(不管有或没有私人信息)[20],因此,合同也是完全的。但是,有限理性假定排除了这一点。在可行的范围内所有合同现在都成了不完全的了。因而,合同事后的一面便有了特别的经济重要性。研究便于填补有关事前合同的缺陷和解决争端的结构,从而也就成为经济组织的问题的一部分了。[21]

机会主义定义的是人们以不诚实的或者说欺骗的方式追求自利的行为。在委托代理理论中使用的道德危险和代理成本概念,实际含义与机会主义相同。机会主义与自利不同。自利者虽也最大限度地追求自己的利益,但他却永远不会食言或有意歪曲他掌握的信息。相反,在有可能增加自己利益的时候,一个机会主义者却会违背任何戒条。例如,他会不守信用,有意发出对人误导的信息,或者是拒绝向别人透露他持有的而别的需要的人缺少的信息。

机会主义的一个直接结果是合同风险。如果契约人只有自利的行为而没有机会主义的行为,那么人们就可以相信缔约人将会忠实地履行他的承诺。但是,如果契约人会采取机会主义行为的话,情况就不同了,他不仅不一定守约,而且还会见机行事,使事后的实际结果不是按合同而是按有利于他的方向发展。在这种情况下,怎样采取措施遏制机会主义也就有了经济意义,当然,同时也带来了新的成本。

研究经济组织的各种理论,对于人的行为都是作出假设的。这也就是说,各种理论分别有自己所对应的行为假定,反之亦然。例如,人的行为按理性程度分为完全理性、有限理性和行为理性三类。完全理性的人能在瞬间无成本地预测所有可能发生的事,并评价和选择出最优的行动方案。有限理性的人试图实现利益最大化,但是发现这样做要花费成本,并且认识到没有能力预测一切,所以他们在事前就为事后(几乎是不可避免地)将出现的无法预测的事件作准备。行为理性的人根据某些规定的行为模式(通常与最大化行为不一致)行动。同时,又可以按谋私利的程度将他们分为机会主义、自利但诚实、追求社会福利最大化的乌托邦三类。由此,我们就可以方便地发现,团队理论研究的,是乌托邦的理性人,这些人被假定都有相同的效用函数,但却不一定都具有共同的信息。他们采取的行为,是要将某个总福利指标最大化。一般均衡理论研究的是完全理性的、自利但诚实的人。在他们的行动中,没有欺骗,没有机会主义,所以也不用保留什么信息,经过询问,也可以取消私人信息,因此,交易各方对未来事件的考虑都是彻底的,也完全为所有的人理解。委托代理理论研究的是完全理性的和机会主义(道德危险、逆选择)的人。在这里,一个人能够想象出在一定的激励下其他人如何行为和反应。一个人也能够想象出市场上产品的质量分布等等。但是在实际实施激励(或者采取某一行动或者发送某一信号)时一定考虑到个人有说谎、欺骗的可能。此外,某些团队理论(Marshak and Radner)研究乌托邦式的有限理性的人。"暂时均衡"理论研究诚实、自利的有限理性的人。最后,交易成本经济学研究不诚实、自利的有限理性人。[22]

交易成本经济学将有限理性的假定搭配上不诚实地寻求自我利益的假定,这就为诡计留下了余地。具体地说,在这个理论中,允许经济行为人可以采取有选择的、扭曲的方式透露信息,从而承认有故意设法误导、伪装、迷惑、混淆的行为。

交易的性质

威廉姆森定义了交易的影响交易成本水平和特征的三个性质：资产专用性、不确定性和频率。资产用途的专用性指的是一项资产可调配用于其他用途的程度，或由其他人使用而不损失生产价值的程度。这与沉没成本的概念有关。资产用途的专用性的全部细节只有在不完全合同的背景下才会清晰地让人看到，而在人们谈论交易成本之前是不为人们所认识的。

在威廉姆森以前，马歇尔（Marshall，1948）和贝克尔（Becker，1962）等人都曾谈到过劳动过程中会产生特有的人力资本。马沙克则明确提到了人员、机关、工厂与港口不可替代的独特性。威廉姆森的贡献，是在三方面推进了这个方向的认识，即：(1) 资产用途的专用性有许多形式，人力资产的专用性只是其中之一；(2) 资产的专用性不仅引发复杂的事前的动力反应，而且，更重要的是，它还触发复杂的事后治理结构的反应；(3) 对所有形式的经济组织的研究——工业组织、劳动、国际贸易、经济发展、家庭组织、可比较的制度甚至金融，因此都成了交易成本经济学可利用的素材。

他认为，资产用途的专用性至少可以分为五类，即：(1) 地点的专用性，将衔接的岗位以相互关系密切的方式来安排场所，以便节约库存与运输费用；(2) 有形资产用途的专用性，如为生产一个部件所需的专用冲垫；(3) 以边干边学方式形成的人力资本用途的专用性；(4) 奉献性资产，这是根据特定客户的紧急要求而在一般目的工厂中特意进行的投资；(5) 品牌资本。㉓

我们可以通过一个简单的例子来看资产专用性对于交易成本的影响。设一家炼铁厂与一家铁矿毗邻。在它们正式投资建厂、建矿以前，双方都有许多地址和合作对象可供选择。如果它们在投资以前进行谈判,那我们就可以估计到,因为这两项投资的技术特征表明这两个企业毗邻而且会有效率收益,所以谈判顺利的话,它们就会就因此产生的效率收益的某种分配达成协议。反之,如果有一方对另一方在事前谈判提出的条件不满意,那它就很容易转向其他企业,而不会花太大的交易成本。但是,一旦事前谈判成功,双方都进行了关系专用性投资,即矿山将向铁厂供应铁矿石,铁厂将向矿山购买铁矿石,情况就不同了。这时,双方的投资收益都可能处于风险之中。现在,各方都有一定程度的垄断力量,就是说,另一方已不再可能不承担很高的成本就转向别的地方或别的合作对象。由于合约是不完全的,它不可能事前就将事后有可能出现的情况都写下来并规定应付的办法。例如,如果铁厂的需求事后增加了,铁厂就会要求矿山提供额外的铁矿,可是这额外供应的矿石的价格却是事前合同所没有规定好的,这时,机会主义就有了作祟的机会。例如,矿山可能会要求更高的价格,不然就不增加供给。同样,如果铁厂的铁需求减少,那它也有可能告诉矿山说尽管有先前签订的合同,但鉴于现实情况,它必须要求较低的价格,不然就不再购买矿石。显然,这样或类似这样的事后谈判的成本也是很高的。首先,各方可能会对修正合约的条款争论不休。而关于盈余分配的争论丝毫无助于整体生产,同时又耗费时间和浪费资源,所以是无效的。其次,在事后的讨价还价过程中,由于各方具有不对称的信息,所以他们可能达不成有效协议。而对于这种事后成本的预期,又会产生重要的事前成本,那就是,各方都不愿作出在最佳(first-best)情况下是最合意选择的专有关系投资。因为双方都清楚长期合同都是不完全的,需要进行重新协商。而即使重新协商进行得十分顺利,即争论和不对称信息都未产生问题,交易收益的分配也将取决于双方事后的讨价还价的力量,而不是取决于最初合约的规定或是经济有效性。其结果,一方可能不愿作出这种投资,因为它担心在重新签约阶段受另一方的剥削,也就是说,它担心收不回投资成本。这样,各方所作的投资可能都是相对非专有化的。他们以此增加事后寻找交易伙伴的能力,代价是专有化效率的损失,虽然对它们来说,这代价要小于由此得到的安全保障。但是,如果这种互补的关系专用性投资不是在企业之间即在市场中,而是在企业内作出,这种专有化效率的损失是否就可以不再发生呢?威廉姆森的资产专用性理论就是这样同企业的性质问题联系在一起的。

交易的影响交易成本的第二个性质是交易中不确定性的大小,它和有限理性密不可分。事实上,不确定性是引起有限理性的主要原因。这里的不确定性是广义的。它包括能够预料到的偶然事件的不确定性,但是预测它们或在合同中包含解决它们的条款代价很高。它也包括其性质在事前只能大致(甚至不能)推测的偶然事件的不确定性。它还包括一方拥有另一方缺少的信息的这类不确定性。

威廉姆森曾提到,库普曼(Koopmans,1957)[24]把经济组织要解决的核心问题看作是不确定性问题,他因此还区分了主要的和次要的不确定性。前者是依情况而异的,而后者则是因为缺乏交流,决策者无法了解情况。威廉姆森认为,这个区分忽略了信息的策略性保密、隐瞒和扭曲,因此,还应该补充第三类不确定性,即行为性不确定性,它和不完全合同与资产专用性联系在一起。

最后一个性质是交易的频率。交易的这个特征并不影响其成本的绝对强度(如前两个方面),而只影响进行交易的各种方式的相对成本。当双方间的交易经常发生时,他们可为交易构造一个专门的治理结构,即使这些专门的结构成本很高,它们还是有必要的,因为结构的成本可分摊于许多交易。但是当交易是一次性的或不经常发生的时候,一般来说,为这种特殊交易建立专门机制的成本就太高,而使用"一般用途"的治理结构成本相对较低,虽然一般用途的治理结构可能不会十分完美地适合于具体的交易。

米尔格罗姆和罗伯茨(Milgrom and Roberts, 1992)[25]把交易的决定多种交易形式和不同交易成本的性质归纳为五类,即:(1)交易各方为交易目的所作出的投资的特征;(2)相同交易发生的频率以及交易重复发生的周期;(3)交易的复杂性和所获绩效的不确定性;(4)度量交易绩效的困难程度;(5)与涉及其他人的其他交易的关联程度。显然,威廉姆森提到了其中的前三项,尤其强调了最重要的第一项。哈特等人后来的研究,充分利用了这些成果。至于第四和第五项,阿尔钦和德姆塞茨明确提到了度量问题。当一个工人产出不高又很难弄清是不努力还是原材料不好还是管理不当时,要提供激励是很困难的。而钱德勒则好像提及了后一个问题,即美国早期的火车和铁轨的一致问题。然而,不管别人还有什么看法,有一点是非常明确的:自从科斯提出交易成本概念并用以探讨企业性质以来,威廉姆森进一步提出交易成本的决定因素并继续用以探讨企业的性质和结构,无疑是一个重大的理论贡献和发展。

不同的合同关系及其对应的交易类型

威廉姆森认为,任何交易都是通过合同关系进行和完成的。这些合同,可以是书面的,也可以是口头的,还可以是默契的。但它们都包含有规范交易如何实现的治理条款。这些条款的内容,或详或略,或明或暗,或依据法律,或依据习惯,规定着交易双方的行为方式、利益格局和环境变化时的决策程序或再谈判规则,因此,形成了一系列不同的治理结构。交易成本经济学的目的,就是要用差别(discriminating)的方式将治理结构和交易的特征匹配起来,以节约交易成本,实现最大的效率收益。

不同的合同关系便利不同的交易,不同的交易需要不同的合同关系。威廉姆森在他的《资本主义经济制度》一书的第三章"合同关系的治理"中,首先介绍了麦克耐尔(Macneil,1974,1978)[26]对合同法的三种分类,然后对三种合同类型提出了自己的交易成本经济学的解释。

1.古典合同及其对应的交易。古典合同法试图通过增强独立性(discreteness)和强化"明晰性"(presentation)来实现便利交易的目的。威廉姆森认为,充分的"明晰性"在经济学上的对应物是或然合同(contingent claims contracting),或叫完全合同(comprehensive contracting),在这种合同中,与一件商品或劳务的供给所有有关的未来的事件都得以描述,并对可能性(likelihood)和发生的时间早晚(futurity)贴现。

古典合同试图在几个方面实施"独立性"和"明晰性"。第一,按照这种合同,交易的有关各方的身份是无足轻重的。在这一意义上,它与经济学中的"理想"的市场交易完全一致。正如特尔斯和希金博特姆所指出的[27]:在一个有组织的市场上,参与者买卖一种标准化的合同,单位合同之间是可以完全替代的。在相互间达成的任何交易中交易各方的身份不会影响交易条件。有组织的市场本身或某个其他机构有意创造一种参与者或其代理人能够匿名买卖的同质商品。第二,交易的性质被清楚界定,在正式(如书面)和不正式(如口头)条款之间,古典合同倾向于前者。第三,对违约的处理非常狭隘,"如果由于一方没有履约而使最初的协议没有实现,则其后果从开始时就可以预测到,而且不会引起争端"。另外,古典合同中没有第三方的介入。它强调的是"法律规则"(legal rules)、正式文件和自我清理的交易(self liquidating transaction)。

克雷普斯认为,在古典合同下进行的交易,是那些其交易条款在事先彻底规定的交易。这包括苹果和柑橘的交换,也包括任何不要求作出超越合同明确条款的调整的合同。比如,一项房地产的复杂的买卖合同就属于这一类别。这类合同一般包括非常具体的关于消除损失的条款:如果交易方 B 没有以某种方式行为,交易方 A 就将得到事先定

下的补偿。这种事先对不履行合同规定明确条件和惩罚办法的合同,就是典型的古典合同。㉓

2.新古典合同及其对应的交易。古典合同并非能令人满意地适用于所有的交易。特别是,对于不确定性条件下实施的长期合同来说,完全的明晰性很难做到,或者,即使有可能做到,其代价也是极其高的。在这种情况下,会出现这样几个问题。第一,不是所有的未来事件在开始时都能预测到的。第二,除非情况明朗,否则,对于许多事件来说,正确的适应性反应很难通过合同于事先就准备好规定好。第三,除了自然状态的变化不明朗以外,自主的各部门之间的合同,也有可能引起各部门的意见分歧,当依赖于自然状态的要求权作出时,在一个充斥着机会主义的世界中,应该相信谁的意见? 面对这些困难,有三种不同的对策选择:第一,是彻底放弃这类交易。第二,是将这些交易从市场上移开,通过组织将其内部化,适应性的、连贯性的决策将在一体化的所有权和层级形式的激励和控制体系下实施。第三,是设计一种不同的合同关系,一方面,它保留了交易,另一方面它也为额外的治理结构作了准备。这最后一种选择,就是麦克耐尔所谓的新古典合同。麦克耐尔指出:"长期合同的两个特征是计划上'缺口'(gaps)的存在和一系列的程序和技术的出现——合同的计划者利用这些程序和技术创造弹性来弥补缺口或代替老板的计划。"第三方的帮助和诉讼都有弹性和填补缺口的作用,但是在解决冲突和评价绩效上前者常常更有优势。

新古典合同的特征是认识到,(1)世界是复杂的,(2)合同是不完全的,(3)除非合同双方都相信解决机制(settlement machinery),否则某些合同就永远也不会达成。这里后面的两条是十分重要的。说合同不完全,就是说不可能在合同中预测到并且准确无误地写出所有可能的未来事件,也不可能事先就规定在各种事件中应该作出什么样的反应,更不可能对违约造成的损失事先就规定补偿和解决的办法。因此,与新古典合同相对应的交易,是能事先用交易条款作出明确规定的交易。这类交易,常要一个第三者根据事先规定的决策程序,对违约和损失作出仲裁。

3.关系合同。麦克耐尔认为,维持持久关系的压力"导致了许多从属内容如公司法和集体谈判法从古典然后从新古典合同法系中分离出来"。合同的期限(duration)和复杂性的不断增加因此导致了新古典适应过程被一个交易专用性程度更高的、具有持续性的管理特征的适应过程所代替。这就是关系合同。与新古典合同要维持初始协议不同,关系合同的整个关系是随时间展开的,它可以包括,也可以不包括初始协议。从现在的研究看,关系合同实际是对合同不完全性的一种反应。知道合同不可能完全,因此,就不追求完全,而只对双方的关系作个框定。这也就是说,交易各方不是对行为的详细计划达成协议,而是对总的目标、广泛适用的原则、未预测事件出现时的决策程序和准则、谁拥有权力及解决争议的机制达成协议。

三边合同的一部分(另一部分属新古典合同)、双边合同及其中的层级合同都是关系合同。三边合同的特点是不再规定各类违约造成的损失的补偿,或更一般地,在各种事件中应该作出什么样的适应,而是规定了一个双方都依赖的第三方,由他根据某个规定的程序在事后作出决策。当交易的双方没有正式的关于交易的安排如何适应环境的协议而依赖于他们自己的能力解决这一问题时,我们就有了一种双边关系的合同,重复博弈的交易适用这种合同。双边合同的一种极端形式叫层级合同。在与此相应的层级交易中,根据法律或惯例,其中一方拥有决定如何完成合同的大部分权力,另一方则拥有某些明确的权利,如废除合同的权力。这样做也许要付出一些代价。某些权利由法律赋予。但是在一定限度内,第一方或"层级结构的上级"决定事情如何进行。这类合同的典型是古典的雇佣劳动合同,一个工人通过执行其老板的要求赚取工资,并拥有辞职的权力。

交易和治理结构的有效率搭配

描绘交易的主要维度是资产专用性、不确定性和频率。为分析方便,威廉姆森首先假定不确定性足够的大,因而要求实行适应性的、连贯性的决策。这样,分析的重心就可以放在资产的专用性和交易频率上了。按交易频率,他将交易分为三种:即一次性的交易、偶尔进行的交易和重复发生的交易。按资产的专用性程度,他又将交易分为非专用性的、混合的即中等专用性的和特定的即高度专用性的交易三种类型。他进而假设:(1)供应商和买方希望维持持久的商务关系。(2)满足一定条件的潜在的供应商有无数家,这样,就排除了专用性资源所有权上的事前垄断。(3)交易频率严格地限制为买方在市场上的行为。(4)投资的维度指的是供应商作出的投资的特征。

威廉姆森根据两种交易频率类型(排除掉一次性交易)和三种资产专用性程度,提出了治理结构必须与之匹配的六种交易类型:偶然进行的非专用性交易,重复进行的非专用性交易,偶然进行的混合性交易,重复进行的混合性交易,偶然进行的特定性交易,和重复进行的特定性交易。现在的问题是上面所述的合同分类如何和交易的这些分类相匹配,以使交易成本最小化,这也就是有效治理问题。

有几点可以马上看出来:(1)高度标准化的交易不需要专门的治理结构。(2)只有重复进行的交易才支持一个高度专用性的治理结构。(3)虽然偶尔进行的、非标准化的交易不支持一个交易专用性的治理结构,但是它们仍需要予以特别注意。就麦克耐尔的分类而言,古典合同适用于所有的标准化交易(无论交易频率如何),关系合同适用于重复进行的非标准的交易类型,而新古典合同则适用于偶尔进行的非标准化的交易。

换个角度说,古典合同类似于下面描述的市场治理,新古典合同涉及三边治理,而关系合同则被组织于双边或一体化的治理结构中。就像光谱一样,市场治理和一体化治理只是各种治理结构谱带上的两极而已。

1.市场治理。对于非专用性的偶尔和重复进行的缔约活动来说,市场治理是主要的治理结构,尤其是当交易重复进行时,市场治理最为有效,因为双方在决定是否继续双方的交易关系或者花费极小的转移费用另找交易伙伴时只需要参考自己的经验。由于是标准化的交易,所以其他的收购和供应安排也容易获得。在资产非专用性情况下,即使双方关系是持久的,这种关系也能通过一系列短期合同来治理,因为市场竞争使任何人都不能过度剥削他人。因此,古典合同、市场治理和非专用性资产联系在一起。

非专用性的但又是偶尔进行的交易指的是那些买方(和卖方)不能完全根据自己的经验防范机会主义的交易。但是,评估机构或同一商品的其他买主的经验可供借鉴。如果商品或劳务是标准化的,这样的经验评价,通过正式和非正式的措施,将激励各方选择负责的行为方式。

当然,这样的交易发生并受益于一个法律框架,但是这类交易对法制的依赖度并不高。就如劳里(S.Todd Lowry)所说:"对市场环境中交易的传统的经济学分析"和"销售(sale)(而不是合同)的法律概念极为吻合,因为销售已假定在市场环境中存在种种安排,并且它只在实施所有权的让渡(transfer of title)时才需要法律支持"。他将合同的概念用于在没有市场治理的情况下,各方设计"他们可以依赖的未来关系的模式"的交易。㉙

独立(discrete)的订约范式的假设极为符合于市场是其主要治理

模式的交易。从而交易各方的具体身份无足轻重,实质性内容由合同的正式条款规定;法律规则适用。诉讼严格限制于解决所有权争端;刻意地维持关系的努力并不需要,因为这种关系本身并没有价值。

最后,要指出的一点是,威廉姆森是完全抽象掉不确定性的,如果引入这一因素,有时就可以发现,像房地产买卖那样的交易,尽管涉及大量专用性资产,但由于人们对交易过程的各种可能情况有大量的了解,因此,它也能用古典合同来处理。

2.三边治理。需要三边治理结构的两类交易是偶尔进行的、中等或高度专用性的交易。一旦交易的主体缔结了合同,那么就有极强激励迫使合同完成。不仅专用性投资——其机会成本在其他用途上低得多——已经作出,而且,那些资产向其他供应商的让渡也存在资产评估上的困难。特别是高度专一性的交易,维持相互间的关系对于交易各方来说都极为重要。在这种情况下,市场治理并不令人满意,而一个交易专用的治理结构的建立,其成本又常常无法通过偶尔进行的交易得到补偿。这样,一方面由于古典合同在维持这种交易上有局限性,另一方面又由于交易专用性(双边)治理的成本极高,因此需要有一种中间的制度形式。新古典合同的许多特征符合这种要求。它不是直接求助于法庭诉讼,而是在解决冲突和评价绩效上采用第三者"帮助"(仲裁)。利用建筑师作为一个相当独立的专家确定建筑合同的内容就是一个例子。当交易双方有一方的交易频率明显较低时,这种形式就会出现。

3.双边治理。专用性治理结构适用的两类交易是由中等或高度专用性的投资支持的重复进行的交易,由于交易的非标准化特征,根本性转换即事前条件与事后条件不同的变化适用于这一情况。交易关系的持久性因而具有价值。交易重复进行的特征潜在地保证专用性治理结构的成本将被收回。中间产品市场交易的两类交易专用性治理结构可以区分开来：双边结构——交易各方的主权得到维护，和一体化（unified）结构——交易离开市场而在企业内组织，并受一个权力关系制约（垂直一体化）。双边结构只在最近才得到应有的注意，对它们的运行的了解也最少。

高度专用性的交易中，生产需要的人力资产和实物资产高度专业化，因此通过企业间交易没有明显的规模经济，如果买方（或卖方）自己无法通过垂直一体化实现它的话。但是在中等专用性交易的情况下，资产专用性程度并不彻底，相应地，对这些零部件的外部采购可以得到规模经济因素的支持。和垂直一体化相比，外部采购在保持高能激励的同时限制了行政扭曲。但是当考虑到适应性和合同费用时，市场采购的问题就揭露出来了。内部适应可以通过命令实现，外部采购则要通过市场界面作出适应。除非适应的需要从开始时就被考虑到并被明确地在合同中作出安排，但这常常是不可能的，或者，其成本是不可接受的，否则，一个市场界面的适应只能通过双边的连续的合同实现。由于在适应性提议（由任何一天提出）作出时，各方的利益一般会有偏差，所以，一种两难的局面将会出现。一方面，双方都有维持交易关系的激励，其目的是避免牺牲有价值的交易专用性经济，另一方面，各方各得到独立的利润流，不可能很顺利地同意任何的调整合同的提议，因此，所需要的是宣布可接受的调整程度，这样，在双方皆信赖的条款下可以提供弹性。通过认识机会主义风险随拟议中的调整类型而变化和将调整限制于那些风险最小的提议可以在一定程度上实现这一点。

4.一体化治理。随着交易越来越专门化，贸易的激励削弱了，其原因是随着人力和实物资产越来越专门于一种用途，向其他用途的可转移性减小，买方和外部供应商一样可以充分实现规模经济，因而组织模式的选择完全依赖于哪一种方式具有更好的适应性，在这类情况中，垂直一体化被普遍采用。这种治理结构的特征是,一方将另一方买断,对交易实行完全控制并承担全部责任。这种结构的优势是,适应可以以一种连贯的方式作出而无须商谈、完成或修正企业间的合同。在一个所有权实体涵盖交易双边的情况中,联合利润最大化的假设能得到保证。和企业间交易相比,在垂直一体化的企业中价格调整更彻底。而且,假设内部激励相互协调,数量调整就可以以任何频率进行以使交易的总收益实现最大化。

高度专用性交易的特征是界面上的不变的身份,和价格与数量上的广泛的适应性。随着资产专用性的逐步加深,市场订约让位于双边订约,后者又为一体化订约(内部组织)所取代。

作为治理结构的企业

威廉姆森认为,所谓治理结构,其实就是合同关系的完整性和可靠性在其中得以决定的组织框架。交易成本经济学的任务,就是将具有不同性质的交易分派给不同的治理结构,以使交易成本达到最小化。换言之,这也就是为不同的交易分别找到与之最相适宜,即使交易成本最小化的组织形式。反过来,这也就是从节约交易成本的角度来解释各种经济组织的性质和存在的理由,及其边界(作用的范围)。因此,从上面发展的理论中我们看到了它和企业理论的直接联系:企业对应于一体化的或者叫做统一的治理结构;企业是一个法律实体,它控制一系列的资产,并用自己的名字完成(和其他企业或个人间的)交易。

现在的问题是:(1)企业形式的治理结构有些什么特征?(2)什么交易宜用企业治理,或者说,企业治理能使哪些交易的交易成本下降?(3)企业治理失效的原因何在,或者说,为何这种治理结构不能用于所有的交易?在提出这些问题的同时,威廉姆森是尝试着给予交易成本经济学的回答的,尽管不同的企业理论对于这些问题的看法至今尚未统一。下面,我们就来讨论这些问题。

1. 企业形式的治理结构的特征。在威廉姆森看来,这里的一个重要特征是内部交易替代了外部交易。举例来说,假设 A 方是计算机设计商,B 方是计算机制造商,A 方向 B 方提供设计。如果它们各自拥有设计和制造计算机所必需的设备、技能等,那么这交易就是市场媒介的交易。相反,如果 A 方(或者 B 方)拥有原来属于双方的全部资产,即控制了一既设计又制造计算机的企业,那它就可以雇用另一方来提供劳务。这时的货币与劳务交易,已不同于原来的货币与投入或货币与产出的交易。显然,是一方对资产的控制,改变了交易的性质。

在这种治理结构下,谁控制企业,谁就获得了对交易条件和交易水平的决定权。这对于减少由高度专用性资产带来的事后重新谈判成本、事前投资不足成本等不可忽视的交易成本,有明显的作用。当然,正如哈特指出的,交易成本经济学没有引入产权分析,所以没有能够同时分析一体化的收益和成本,也没有能够分析不同的所有权结构对于一体化总收益的影响。因此,也就没有确切地指出企业治理的边界。

2. 企业治理和市场治理的交易成本差异。威廉姆森认为,资产专用性对于认识垂直一体化有十分重要的意义。只有懂得了资产专用性对于交易成本的影响,才能理解为什么有些市场采购会让位给企业自己生产。为此,他提出了一个启发性的模型,他认为市场和企业的主要区别是:(1)前者更有激励,且能限制官僚性的扭曲;(2)前者能汇集需求,从而实现范围和规模经济;(3)后者可动用特有的治理工具。以关于制造还是购买部件的决策为例,这里起决定作用的关键因素,是生产成本控制与生产期间调节的自在性。

设市场的有效激励能导致过紧的成本控制,但由于双边关系的双向依赖性,调节自在性会受到影响。后者是资产专用程度深化的结果。令 X 为固定产出水平,K 为资产专用程度指数,$B(K)$ 和 $M(K)$ 分别为企业治理与市场治理的成本，则我们有 $B(0)>M(0)$，且在资产专用程度不高时，$M'-B'<0$，这时应取外部采购模式，而在资产专用性提高到一定程度以后，就会出现 $M'-B'>0$，这时，企业治理就是合适的选择了。

如果不仅考虑治理成本，而且考虑生产成本，则我们还要进一步比较自己生产和市场购买的生产成本差额。显然，这差额是 K 的一个递减函数。就是说，K 越小，这差额就越大，自己生产就越不如市场购买。K 越大，这差额就越接近于零，自己生产就越有利。将这两种成本合到一起，就可以发现，资产专用性小时，市场采购具有规模和治理优势；相反，资产专用性大时，企业组织就取得优势。

3. 企业治理结构的限制。企业治理可以节约交易成本，但也会增加交易成本。正是后者限制企业成为唯一的治理形式。那么，与企业治理结构随之而来的成本具体是什么呢？威廉姆森特别谈到了"高能"市场激励和"低能"内部激励的差异。这就是说，在 A 方和 B 方完全的市场界面上，B 方会有很强的动因去有效率地生产、关心它的设备。当 A 方拥有所有资产并雇用 B 方时，A 在它提供给 B 的激励合同中就无法给予类似市场这样的强激励。A 很难监督 B 的努力，而且无论 B 付出怎样的努力，A 也都很难看到 B 是"如何"付出努力的。举例来说，A 可以给 B 一份计件合同，然而，尽管它给了 B 生产零部件的强激励，但是，由于 B 现在维护的是 A 的资产，所以 B 维护设备的激励就会很弱。如果 B 拥有某项任务是如何艰难的私人信息，那 A 可能就很难从它处获得这一信息。也许可以设想，市场能够提供的任何激励 A 也能提供给 B。但是这里还有一个测度的问题，如果 B 负责将设备保持在正常状态，如果它的合同也为它提供了这样做的财务诱因，那么检查设备状况的成本就必须由双方负担。如果 B 的合同包含整个企业盈利能力的某个指标，B 肯定会担心 A 将操纵会计程序以使之不利于 B。另外，B 在市场上面对的硬约束也不一定能在组织内部找到。

克雷普斯(Kreps,1990b,Chap.19)指出,对于企业治理无效的讨论,威廉姆森的两点贡献值得注意。第一,层级结构的上层无法仿效市场激励,因为他拥有"重新决定"合同条款的能力,在事后他将利用这一能力为自己谋利益。而他又无法事先对特定的激励方案和(或)干预规则作出承诺。别人也无法了解他将如何行为来阻止有效激励。第二,在一个一体化治理结构中,决策权集中,受决策影响的个人将试图尽可能地影响核心决策者。如果后者可以被腐化,他们就会尽量地去腐化他。如果这种腐化活动占用生产性活动的时间,那它就是一体化治理的成本。如果腐化还导致无效率的决策,那么这些成本就将增加。当然市场界面上的腐化也不是没有,但是权力越集中,投入腐化活动中的精力就会愈大,造成不当决策的后果也会越严重。此外,即使是一个"不能腐化"的决策中心,实际上也有可能受到影响。只要它缺少与决策有关的信息,向其下级(或根据下级的表现)寻找信息,那么它的下级就可以通过操纵这些信息来影响它。虽然它可能也知道这些企图,但是彻底的防止方式唯有切断信息流,而这绝不是最优的。在均衡状态,甚至核心层不可腐化的情况下,浪费资源的影响活动也还是可以继续的。

注　释

① 凸性假定排除了生产的不可分性、规模收益递增和分工收益等。

② 在新古典经济学中,企业被当作与消费者一样的生产者,这里,就是在这个意义上说它界定到人的,其实,只有在不是企业,而是企业中的每个自然人的行为成为研究对象和分析单位时,才真正有可能将产权界定到人,并探讨分配给谁更有效率这样更深层次的问题。

③ Coase,R.H.,1937,"The Nature of the Firm",*Economica*,4:386—405.甚至科斯自己都感到惊奇,1991 年,他 80 多岁时被授予的诺贝尔经济学奖,主要竟是对他 20 多岁时用散文笔触撰写的这篇文章的褒奖。当时,他在伦敦经济

学院做学生,暑期到通用汽车公司打工,所见所闻激发了他的思考与写作。

④ Demsetz, Harold, 1988, *Ownership, Control, and the Firm* (*The Organization of Economic Activity*, Vol.1), Basil Blackwell.

⑤ 1997年第2期《上海小说》中的胡展奋特稿《淮河的拷问》,详细报道了淮河上游工业废污水"自由"排放造成的"触目惊心"(国务院环保委主任宋健语)的损害。这是产权配置对资源配置影响的一个现实例证。

⑥ 初级的如斯蒂格利茨的《经济学》,中译本,北京:中国人民大学出版社,1997年,第29—30页。中级的如H.范里安的《微观经济学:现代观点》,中译本,上海:上海三联书店、上海人民出版社,1994年,第714—718页。高级的如张维迎的《博弈论与信息经济学》,上海:上海三联书店、上海人民出版社,1996年,82—85页。

⑦ 见罗伯特·考特和托马斯·尤伦的《法和经济学》,中译本,上海:上海三联书店。1991年,第252—258页。作者在"产权为什么应该私有?"的标题下,讨论所有者类型对资源有效利用是否重要的问题。作者据此认为,在经济效率的范围内,私人产权比其他权利安排更有效。作者特别指出,这里的"私人产权",指由个人和非政府组织(如家庭、公司和合作社)拥有的所有权,"公共产权"通常指某种形式的国家或政府所有权。

⑧ 见 Shleifer, Andrei, "Establishing Property Rights", Proceeding of the World Bank Annual Conference on Development Economics, 1994。

⑨ 新产权的确立过程,可以看作是一个鹰鸽博弈(Hammerstein and Selten, 1994)。

⑩ 阿·阿尔钦(A.Alchian)1914年生于加利福尼亚的弗雷斯诺。1943年在斯坦福大学获经济学博士学位。以后一直在洛杉矶的加利福尼亚大学担任经济学教授。哈·德姆塞茨1930年生于伊利诺伊州的芝加哥。1959年获西北大学经济学博士学位。1971年起与阿尔钦同在一校,也任经济学教授。他们两人提出的企业理论,有着广泛的影响,并集中反映于联名发表在1972年2月号《美国经济评论》上的《生产、信息费用与经济组织》一文中。

⑪ 什么是雇佣关系的本质?雇佣关系与市场关系有什么区别?他们虽然提出了这两个有意义的问题,但却未能给予令人满意的回答。详细的分析见本书第二章。

⑫ 从这里可以看到,德姆塞茨与阿尔钦早就指出过市场竞争的局限。团队生产中的这些问题,仅靠竞争是无法解决的。

⑬ 原文见 Holmstrom, B., 1982, "Moral Hazard in Team", *Bell Journal of Economics*, 13:324—40,转述见张维迎:《博弈论与信息经济学》,上海:上海三联

书店、上海人民出版社。1996 年,第 505 页。

⑭ Jensen,M.and W.Meckling,1976,"Theory of the Firm:Managerial Behavior,Agency Costs and Ownership Structure",*Journal of Financial Economics*,3:305—360.

⑮ Tirole,J.,1988,*The Theory of Industrial Organization*,Cambridge:MIT Press.

⑯ O.E.威廉姆森,美国加利福尼亚大学伯克利分校经济学教授,主要成名著作有 1975 年出版的《市场和层级:分析和反托拉斯含义》与 1985 年出版的《资本主义经济制度》。他对交易成本经济学的企业理论所作的综合,使这个理论同委托代理的企业理论和产权的企业理论一起,成为现在最有影响的三大企业理论(或说经济组织理论)之一。

⑰ 参见 Knight,F.H.,1965,*Risk,Unicertainty,and Profit*,New York:Harper & Row,1965。

⑱ R.H.科斯:《新制度经济学》,原载《制度与理论经济学杂志》,1984 年 1—3 月号。转引自《论生产的制度结构》,上海:上海三联书店,1994 年 3 月。

⑲ 参见赫伯特·西蒙:《管理行为——管理组织决策过程的研究》,北京:北京经济学院出版社,1988 年。

⑳ 只要合同是完全的,即使存在不对称信息,产权也仍是不重要的。

㉑ 威廉姆森涉及了这个问题,进一步的开拓可参见哈特的著述。

㉒ 参见 Williamson,Oliver,1985,*The Economic Institutions of Capitalism*,New York:Free Press,Figure 2 - 1;Kreps,David M.,1990,*A Course in Microeconomics Theory*,Princeton University Press,p.747。

㉓ 参见 Williamson,Oliver,1989。

㉔ Koopmans,Tjalling,1957,*Three Essays on the State of Economic Science*,New York:McGrawHill.

㉕ Milgrom,Paul and John Roberts,1992,*Economics,Organization and Management*,Englewood Cliffs,N.J.:Prentice Hall.

㉖ Macneil,I.R.,1974,*The Many Future of Contract*,47,S.Col.L.Rev.

——,1978,*The Many Future of Contracts*;id.,*Contracts:Adjustment of Long-Term Economic Relations under Classical,Neoclassical,and Reiational Contract Law*,72Nw.U.L.Rev.

㉗ Telser,Lester G.,and Harlow N. Higinbotham,1977,"Organized Futures Markets:Costs and Benefits",85,J.Pol.Econ.

㉘ Kreps,David M.,1990,*A Course in Micronomic Theory*,Princetion University Press.

㉙ 同注㉒,转引自该书。

第二章　不完全合同与产权

本章是全书的基础。它建立在这样一个观点之上：西方产权理论，可以而且应该划分为传统和现代两个阶段。概括地说，这两个阶段有这样一些区别：(1)前者不涉及完全合同与不完全合同的区分，后者却十分强调不完全合同；(2)前者认为产权是重要的，后者认为只在不完全合同的情况下，产权才是重要的；(3)前者侧重剩余索取权，后者侧重剩余控制权；(4)前者追求产权明确，后者追求谁拥有产权最优；(5)前者缺乏正式模型，后者富有正式模型；(6)前者未能用产权解释制度、企业、权力，后者能用产权解释它们；(7)前者尚不能与其他理论贯通，后者比较注意与其他理论贯通。大致地说，上一章的内容属于传统的产权理论，而本章则主要阐述现代产权理论，弄清它的主要观点、逻辑结构和基本命题。

本章安排如下，第1节说明不完全合同的含义、原因和影响。第2节利用在此前提下建立起来的套牢模型说明产权的作用。第3节论述现代观点下的产权内涵和基本结构，并按此观点对产权残缺作出解释。第4节对产权作用的理论根据，作了一些概括。第5节对如何正确理解科斯定理，进行了论述。

1.完全合同与不完全合同

人们的经济活动，从根本上说，都是借助合同进行协调和激励的。

通过合同,交易各方作出在不同的情况下做什么和不做什么的承诺,对未来的行为进行约束。通过合同,交易各方在相互兼顾的前提下以较低的交易成本实现自己的个人目标。近20年里发展起来的合同交易理论①,将合同分成完全与不完全两类,并在后者的基础上说明产权(所有权)的重要性。在现代产权观点的企业理论看来,不完全合同是解开企业基本问题的钥匙。

完全合同

完全合同是一种理想的合同。首先,它能够充分预见合同期间所有可能发生的对于缔约各方来说比较重要的相关事件,并且能够用明晰的语言准确地描述这些事件,从而能够毫不含糊地在事前确定事件发生的可能性,在事后知道预见的事件已经实际发生。其次,它能够针对每一个可能的偶发事件规定缔约各方应该采取的行为,以及伴随这些行为的支付,并使各方就这些与事件相适应的行为和支付达成一致意见。再次,它能够使缔约各方愿意遵守签订的条款。这也就是说,一方面,各方都不想以后再对合同进行重新谈判,因为,一切都在意料和计划之中,再谈判是多余的,而且,如果存在重新谈判的预期,就会使原来的协议丧失可信性及其指导行为的能力。另一方面,各方都能确定合同条款的履行情况;如果有违约,每方都愿意而且能够促使其履行,因为各方签订的是他们评价最高的合同。最后,它是可以强制执行的,对第三者如法院来说,合同的执行情况是可以证实的,即不用成本就可以确定谁违反了合同。此外,法院一定是强制执行全部条款而不是有选择的部分条款。因为只有全部条款才是最佳的。对违约者的处罚一定等于其从违约得到的好处,以此保证条款得到履行。而最重要的是,强制执行的结果对缔约人一定是最佳的,不然,它就不是完全合同了。②

完全合同建立在这样的假定条件上。第一,缔约各方都是有理性的个人。这就是说:(1)他们能按稳定的偏好(用效用函数表示)进行选择,(2)他们的选择受到预算或禀赋约束,(3)他们在约束条件下实现效用最大化。第二,缔约和履约的环境是完全竞争的市场。这就是说,(1)不存在外部效应。合同对缔约人以外的任何人都不发生影响。(2)信息是完全的,每个缔约人都知道与交易有关的一切信息,他们也知道其他人知道他知道这一切。谁也没有私人信息,任何一个缔约人都不会对合同条款和结果感到意外。(3)每个缔约人都面对众多的买者或卖者,因此,他们可以自由选择交易伙伴,自愿缔结合同,而不接受,也不能施加市场垄断权。(4)交易成本为零。就是说,寻找合同伙伴,谈判的拟定合同,执行合同,以及解决合同纠纷,都是不需要花费时间和精力,不需要花费成本的。[③]

从上面可以看出,就完全合同观点与竞争市场理论的相似点而言,一方面,前者构成了后者的基础,正如阿罗-德布罗模型描述的,在完全竞争市场中交易的商品包括状态依赖商品,这就是标准的长期完全合同。另一方面,完全合同的假定,又是从完全竞争市场理论中分离出来的。因此,它们实际上是相互依赖、相互包容的。但是,换个角度看,又可以发现它们的不同。那就是,竞争市场理论更侧重即时交易(与其相应的是瞬时合同),这种交易价格是公开报出的,或者,更确切地说,是市场决定的,交易的商品的各种属性和质量是确切界定的,可以观察到,常常也是可以证实的,交易与买方或卖方的身份和个性无关,是匿名进行的,在这种交易中,各方的行为几乎是同时发生的,其履行通常不产生值得重视的成本,因此,作为合同核心的承诺客观上被贬低,使人觉得合同在这里好像并不重要。相反,合同理论更关注长期合同或缓期合同,这种合同,常常是对少数人签订并只对他们才有效的,它使人们从与市场作交易,转向与特定的关系作交易。在这种合同的基础上,交易是延期实现的,交易各方必须就其未来的行为作出承诺,以自己的约束来交换他方的约束。因此,合同在这里是显现的,重要的和经历时间的。在对市场竞争的关系上,这种合同与瞬时合同还有很大的不同,我们下面再回到这个问题上来。

就像完全竞争一定是帕累托有效率的一样,在这种环境下缔结和履行的完全合同也是帕累托有效率的。也就是说,不可能在有人不受损的情况下,通过修正合同或不全部履行合同而使其中的一方受益。

简单的完全合同模型可以这样构造。设有两个交易人 $M_i(i=1,2)$ 和三个日期,日期 0 是订立合同的日子,合同规定未来交易的条件。日期 1 是投资的日子,在该日(或该日前、0 日后)买卖交易双方分别进行事后不可证实(或证实成本极高)的专用性投资 $e_i \in E_i$,e 是非负数,代表投资的水平和成本。由于是专用性投资,所以投资后双方就相互套牢了。假如是完全套牢,在日期 2 前双方就都不能与其他人交易了。日期 2 是交易选择日。在该日,双方作出事后可证实的行动(如交易或不交易某种商品)a 的选择。每一投资 $e = (e_1, e_2) \in E_1 \times E_2$,随机地产生可证实的自然状态 θ,表征为:(1)行动集 A^θ,(2)支付函数 $u^\theta = (u_1^\theta, u_2^\theta)$,其中 $u_i^\theta: A^\theta \rightarrow R$,令 Θ 表示状态集,并令 $A \equiv UA^\theta$,则完全合同便成为这样一个函数:

$$f: \Theta \rightarrow A \text{ 使得对于所有的 } \theta, f(\theta) \in A^\theta$$

这合同导致交易人之间的这样一个投资对策,在其中,给定 $e = (e_1, e_2)$,交易人 M_i 的支付是

$$\sum_{\theta \in \Theta} p(\theta|e) u_i^\theta(f(\theta)) - c_i(e_i)$$

其中,条件概率 $p(\theta|e)$ 表示交易人对随机性质的行动集和支付函数有共同的先验概率认知(common prior probablistic beliefs)[④],$c_i(e_i)$ 表示交易人 M_i 的投资成本。如果在 f 给定后,投资对策构成唯一均衡:每个交

易人都选择 $e_i = e_i^*$，(1) e^* 构成纳什均衡：对 $i=1,2$ 和所有的 $e_i \in E_i$，

$$\sum_\theta p(\theta|e^*) u_i^\theta(f(\theta)) - c_i(e_i^*) \geqslant$$

$$\theta \sum p(\theta|e_i, ef^*) u_i\theta(f(\theta)) - c_i(e_i)$$

(2) 不存在其他均衡：如果用 $e^{**} \neq e^*$ 来代替 e^*，(1) 就不再成立，那么，(e^*, f) 就是可行的。[5]

不完全合同

但是，在实际的交易中，制定和执行的合同却往往都是不完全的，需要经常修正和再谈判。这也就是说，实际达成的合同一不能够将未来可能发生的事件都包罗无遗，二不能够将在所有这些事件出现时缔约人必须采取的行动、应有的权利和应尽的责任都包罗无遗，三不能够用准确的语言在有限的条款中将这些内容描述得包罗无遗，四不能够通过第三者如法院来将这些合同条款执行得包罗无遗。因此，合同总是有遗漏和缺口的，总是有模棱两可和歧义之处的，总是需要不断加以协商和修正的。

合同不完全的原因，在于世界和未来事件的复杂性和不确定性与交易人的有限理性和机会主义行为的矛盾。合同是对未来承诺的交换，而这承诺从作出到兑现又是经历时间的，在未来的（相对于订立合同的时间而言）时间过程中，充满着不确定性、风险和不完全信息，许多事件在签约时根本就是难以想象得到的。这种情况有可能对缔约各方的行为和成本收益不发生重要影响，但也可能会发生重要影响，并且，对这种可能发生的影响的预期本身也会产生影响。另一方面，现实中的个人都不是全知全觉、富有远见的理性人，而是知识有限、信息有限并且知道自己具有这些弱点的个人，即只有有限理性的契约人。因此，他们不可能也不期望在纷繁复杂的环境中想得太远太多，预测到与

合同有关的每一件可能的事件,并针对它们作出详细的行动计划和分配方案。而且,即使能够预测和作出计划的话,也没有一种人类语言能足够丰富和精确地去描述它。研究表明,合同可以利用的自然语言本身常常是含混的,具有内在的模糊性。也就是说,它对比较复杂情形的描述,必定存在一定程度上的模棱两可。例如,在合同法中,有一条由不可能履约造成的违约可以得到宽恕的规则。但是,究竟哪些情形适用于这一条款并不十分清晰。一家制造厂商因工厂起火不能按时交货,或一艘货轮因触礁而不能按时把货运到目的地,对于原来的合同是否由于已不可能履行而不必再履行,或者说这种意外本该预见到并事先对风险作出预防措施而没有去预见和防范,甚至有意促成不能履约的情况发生以逃避履约责任之间,常常就会发生大量耗费时间、精力和钱财的诉讼、仲裁和调解。更麻烦的是,为克服这种缺陷而增加许多具体条款以对更为明显的可能事件中的行为作出规定,有时反而会使实际情况遇到更多的边界,从而使那一条款的适用更成问题,更有争议。事实上,仅把那些能够预测和描述的事件记录下来所花费的时间和纸张就可能令人望而生畏了。因此,有些事件即使可以预见,也可以描述,但如果它们被认为发生可能性不大,或者描述成本太高,或者预期发生争议不会太大,那么它们就很可能不被写入合同。但是,万一这种估计失误,那么重新订约的成本可能反而更大。值得注意的是,可以强制执行的合同,必须是以第三者如法院可以证实的语言描述的合同,只有这样,在发生纠纷的时候,法院才能裁决。然而,很明显,既然合同当事人之间的沟通已经非常困难,那么,与对合同运作环境一无所知或知之甚少的第三者进行沟通当然就更困难了。

除了上述缔约成本以外,不完全信息和机会主义行为也是合同不完全的原因。尽管现实中的人会有利他的动机和行为,但为使分析简化,经济学通常都假定,人们只有利己的动机和行为,只愿意做在其看来符合自己利益的事情。合同所要解决的协调与激励问题,即做什么,怎么做,由谁做和使各方以被期望的态度和努力水平采取行动的问题,就是使自私的各方不仅考虑其行为对自己的影响,而且考虑其行为对其他人的影响。但是,信息不对称使问题变得复杂起来。不论是订约前发生的逆选择,还是订约后发生的道德危险,都增加了签订合同和确定合同条款是否得到履行的困难和成本。由于缔约人知道谁也不能预见所有可能的相关事件,知道信息不完全和获悉信息需要成本,也知道不能找到最佳的适应和解决办法,所以,就有可能采取欺骗、违约等机会主义行为。在这种情况下,合同承诺就是不完全的,对它的担忧甚至会阻碍合同的达成。

合同不完全影响激励一致和承诺的有效性。首先,缔约人更有可能违约。因为在许多情况下对于应做什么合同并未说明或者未作明确说明,所以违约者很容易称他做的就是原初同意的,另一方很难确定实情是否真是如此,而且,即使另一方确信他未履约,也难以指责他进行了欺骗,因为合同的不完全使得第三者很难确认谁是谁非。其次,随着时间的推移和信息的改变,不可避免地要对合同进行事后的再谈判,而再谈判过程是有成本的。(1)各方会对修正的条款争论不休,这种修正,有些是生产性的,即可以增加财富的,有些则是分配性的,即只改变盈余在当事人之间的分配,而不会增加总的财富。由于后者的讨价还价也要花费资源,所以静态地看是低效率的。(2)在再谈判和重新修订合同的时候,仍然存在着信息不对称的问题。因此各方很可能谈不成有效的协议。(3)不完全合同理论最强调的是,在需要进行事前专用性投资的关系下,合同不完全产生的成本。所谓投资,指的是能够带来潜在未来持续收益和服务流的货币或其他资源支出。隐含在不完全合同中的不完善(imperfect)承诺最重要的商业影响,产生在需要作出重大投资的时候,因为涉及金额多,又随时间自然增值。而最有激励问题的投资类型是专用资产(specificassets)投资,或专用关系(relationship-specific)投资。专用资产是在某一特定的背景下或关系中最有价值的资产。专用关系投资是如果关系维持就可以创造价值,反之就反是的一种投资。它们的一种特殊形式是合作专用(co-specified)资产或关系投资。其特点是,当这种资产被合作利用时,它们的生产力就高,反之则反是。在这些专用投资关系中,由于合同不完全,所以缔约各方都会担心在自己事前作出投资后其他方未作相应的投资或在事后的再谈判中提出苛刻的条件,所以,他们的事前投资水平就会低于最佳的投资水平。在完全合同下,这种套牢问题不会发生。在非专用关系中,由于各方在重新谈判时都能容易地找到别的交易伙伴,所以套牢问题也不会发生,并且,前两种再谈判成本也容易降低。因此,当我们将注意力集中到为获取专业化和互补效益而必须建立的专用关系时,不完全合同的再谈判成本对效率的影响,就成了分析产权和一体化的作用的基础,因为,如果产权和一体化能对这种成本发生影响的话,那么产权的不同配置和一体化的不同边界就是有经济意义的了。

最后需要说明一点。不完全合同是正在发展中的理论。关于合同为何不完全的原因,目前还存在争论。例如,哈特和莫尔证明,由于在订立合同时,各方常常无法指出所有有关的偶然事件,尤其是,他们可能无法足够详细地描述自然状态,所以外部人如法院在事后无法证实究竟出现了哪种状态,因此,合同将是不完全的。对合同再谈判的预期,会使各方在初始合同中就考虑最优修正对策的设计问题,以便在合同中建立一种机制,使各方在得到成本收益信息、修正条款时可以弥补这一不完全性(Hart and Moore, 1988)。但马斯金与梯若尔认为这个论证不能令人满意。他们指出,即使自然状态的其他方面如实际的或然事件(physical contingencies)不能事前预期和描述,只要缔约人能随机地预见可能的未来支付的或然事件(payoff contingencies),也就是说,只要缔约人能执行动态规划(perform dynamic programming)(这是不完全合同理论认可的一个假定),那么,造成合同不完全的交易成本(预见或然事件的成本,描述或然事件的成本,和法院执行的成本)就是不相关的了,因为,实际的或然事件可以在状态出现后再填写,只要当事人真实说明细节就行。[6]事实上,马斯金与梯若尔是在哈特与莫尔的假定下推出了完全合同,他们把自己的结果称作不相关定理(irrelevance theorem),即不可证实与不完全性无关。[7]这场争论,也许要等到有限理性理论能作公式化处理之时才有分晓(双方都认为极为困难)。

2.套牢模型和产权合同

由不完全合同和关系专用投资导致的套牢问题(hold-up problem),是一种对缔约后机会主义的担心。它会造成事前投资不足的低效率。在这种情况下[8],所有权变化对套牢问题的解决程度有影响。[9]

为使下面的分析有典型事实可依托,这里举出文献中常常提到的两个案例。

例一,当电厂远离它服务的城市,而位于某一煤矿的出口附近时,该煤矿和电厂是共专用资产。它们任何一家关闭,都会使另一家失去大部分或者全部价值。投资这种资产的问题是,对另一方事后机会主义行为的担心,如煤矿主担心电厂会以核能、水能相威胁,电厂主担心煤矿提高原煤价格,会导致事前的投资不足。投资后被迫接受有效条款恶化的一方就是被套牢了。显然,如果合同是完全的,那么套牢问题就不会出现:双方可以列明全部可能出现的情况,然后对每一应做的行为达成协议,再通过强制执行机制,来阻止事后机会主义的产生。或者,如果所有的投入都存在多家供应商,那么这套牢问题也不会产生,因为价格将由竞争确定,没多大讨价还价的余地。既不必担心供应中断,因为存在可替代的相同或几近相同的投入供应;也不必忧虑需求的下降,因为资产还有其他用途。正是资产专用性与不完全的合同一起构成了索价问题和低效率。事前承诺供求数量和价格水平的长期合同,因为可以在再谈判中修正,所以不能解决这个问题。保罗·约斯库(Paul Joskow)在他的经验研究中发现,向位于煤矿出口处的发电厂供应原煤的煤矿,经常是由它们所服务的公用事业公司(发电厂)所拥有的。[10]

例二,在20世纪20年代,通用汽车公司的车身是从另一家独立的企业费舍尔车身公司(The Fisher Body Company)购进的。随着汽车制造技术的进步,汽车由木制车身改为金属车身,于是通用汽车公司开始设计一种新型汽车生产车间来装配轿车。为确保供应并降低运输成本,通用汽车公司要求费舍尔车身公司在毗邻通用汽车公司新的生产车间的地方建立一个新的汽车车身生产厂。这样,两家工厂就无须利用运输码头;车身可由费舍尔车身厂的生产线直接传送到通用汽车厂。费舍尔车身公司拒绝按通用汽车公司的要求进行投资,也许是担心按照通用汽车公司的要求建立的新厂将难以应付通用汽车公司以后可能提出的要求。这个问题最终通过垂直一体化解决:即通用汽车公司购买了费舍尔车身公司。[11]

买方-卖方模型

假定1:M1是买方,如通用汽车公司,M2是卖方,如费舍尔车身公司。此外,还有许多可供选择的其他买者和卖者,如果M1与M2交易不成,它们可以分别转过来从这些卖者和买者中寻找交易伙伴。

假定2:有两种类型的投资,一类是生产所必需的实物资产(physical asset),分别用a1(如装配线)和a2(如加工车身的机械)表示。它们可以是完全互补的,也可以是完全独立的。另一类是不可转让的用于有效使用实物资产的人力资本(human capital)投资。用 i 表示 M1 作的这种投资(如开发 M1 的最终产品市场所作的支出)的水平和成本。同样地,用 e 来表示 M2 作的这种投资(如为使 M2 运作更有效率而花费的货币或时间)的水平和成本。

假定 3: i 和 e 是事前的关系专用性投资: i 至少在部分程度上专用于 M2 的人力资本,e 至少在部分程度上专用于 M1 的人力资本。但是,i 可以专用于,也可以不专用于非人力资产 a1 和 a2。对 e 来说,情况也是如此。因此,M1 和 M2 在发生交易时的报偿,要比不发生交易时大。假定这种关系专用性在边际意义上也适用,那么,在这种关系中投资人有权使用的资产(人力资产和其他资产)越多,每一投资的边际收益也就越大。换句话说,如果 Ml 有权使用 M2 的人力资本和资产 a1 与 a2,那么他的边际投资收益就最高。如果他并没有权力使用 M2 的人力资本,那么对他来说,如果拥有 a1 和 a2,就会比只拥有 a1,边际投资收益要更高一些,余类推;M2 的情况也相同。e 的增加使成本降低。

假定 4:在日期 0,资产已经到位,双方签订合同,并进行事前的关系专用性投资(用货币单位计量),以使资产更具有生产力。假定在日期 1,M1 需要 M2 向它供应车身,但在该日以前,不知道也无法描述车身的类型,因此,他们必须到日期 1 才能谈判车身的类型和价格,也因此,他们不能签订有效率的长期合同。除此,假定双方始终都具有对称的信息。也就是说,双方的成本、收益和投资都是可观察到的,但(对局外者来说)却不是可证实的。因此,它们就不可能成为可强制执行合同的构件。

假定 5:在日期 1,M1 没有其他可供选择的供应商,M2 也没有其他可供选择的购买商。

假定 6:双方都对风险持中性态度,而且拥有大量(无限)的初始财富,因而每一方都能够购买对他来说拥有是有效率的任何资产。为简单起见,令利率为零。

假定7:双方要在日期0的合同中明确规定出资产a1和a2的具体用法的成本太高以至于根本做不到。因此,不论谁拥有资产a1或a2,他就不仅拥有资产的剩余控制权,而且还拥有资产的所有控制权。换句话说,所有者可以按他想要的任何方式使用资产。

假定不管M1是否与M2交易,i都将影响M1的收益。如果交易发生,M1的收入就以$R(i)$来表示,他的事后报偿就等于$R(i)-p$,其中,p是商定的车身的价格。他的事前报偿就等于$R(i)-p-i$。如果交易不发生,M1就会从外部供应商,也就是说,从现货市场上,按比如说$\bar{p}$的价格,购买"非专用性"的车身。当然,这种非专用性的车身会造成汽车质量下降。M1在这种情况下的收益用$r(i;A)$来表示,他的事后报偿用$r(i;A)-\bar{p}$来表示。这里的小写r表示缺少M2的人力资本,自变量A代表交易不发生时,M1有权使用的资产集合。同样,不论M2是否与M1发生交易,e都对M2的生产成本有影响。如果交易发生,M2的生产成本就用$C(e)$表示,他的事后报偿为$p-C(e)$。他的事前报偿为$p-C(e)-e$。如果不发生交易,那么M2就将在竞争性的现货市场上按价格$\bar{p}$出售他的车身,不过,他必须设法将它们变成通用的车身。在这种情况下,M2的生产成本用$c(e;B)$表示,事后报偿等于$\bar{p}-c(e;B)$。

如果交易发生,总的事后盈余就等于

$$R(i)-p+p-C(e)=R(i)-C(e)$$

如果交易不发生,总的盈余就等于

$$r(i;A)-\bar{p}+\bar{p}-c(e;B)=r(i;A)-c(e;B)$$

因为i和e是关系专用性投资,所以,根据假定3,对所有的i和e以及所有的A和B来说,

$$R(i) - C(e) > r(i;A) - c(e;B) \geqslant 0 \qquad (2.1)$$

其中 $A \cap B = \phi$, $A \cup B = \{a1, a2\}$。这也就是说,双方交易比不交易好。交易总有正的事后利得 $(R-C) - (r-c)$ 存在。此外,对所有的 $0 < i < \infty$ 来说,

$$R'(i) > r'(i;a1,a2) \geqslant r'(i;a1) \geqslant r'(i;\phi) \qquad (2.2)$$

对所有 $0 < e < \infty$ 来说,

$$|C'(e)| > |c'(e;a1,a2)| \geqslant |c'(e;a2)| \geqslant |c'(e;\phi)| \qquad (2.3)$$

其中 $R' > 0$, $R'' < 0$, $C' < 0$, $C'' > 0$, $r' \geqslant 0$, $r'' \leqslant 0$, $c' \leqslant 0$, $c'' \geqslant 0$(也就是说,R 为严格凹状,C 为严格凸状,r 为凹状,c 为凸状)。

按照假定,初始合同中未作规定的车身类型和价格,要在日期 1 进行协商。由于双方具有对称的信息,所以有理由预期它们将达成协议,并像在纳什讨价还价解中一样,按 50∶50 的比例分配事后利得。因此,车身的价格就为

$$p = \bar{p} + \frac{1}{2}(R-r) - \frac{1}{2}(c-C) \qquad (2.4)$$

M1 的净报偿就等于事后报偿扣除投资成本,即

$$\pi_1 - i = R - p - i = r - \bar{p} + \frac{1}{2}[(R-C) - (r-c)]$$

$$-i = -\bar{p} + \frac{1}{2}R + \frac{1}{2}r - \frac{1}{2}C + \frac{1}{2}c - i \qquad (2.5)$$

同样,M2 的净报偿就等于

$$\pi_2 - e = p - C - e = \bar{p} - c + \frac{1}{2}[(R-C) - (r-c)]$$

$$-e = \bar{p} - \frac{1}{2}C - \frac{1}{2}c + \frac{1}{2}R - \frac{1}{2}r - e \qquad (2.6)$$

在日期 0,M1 选择 i,以使其净报偿最大化,它的一阶条件为

$$\frac{1}{2}R'(\hat{i}) + \frac{1}{2}r'(\hat{i};A) = 1 \qquad (2.7)$$

同样，M2 在日期 0 选择 e，以使其净报偿最大化，它的一阶条件为

$$\frac{1}{2}|C'(e)| + \frac{1}{2}|c'(e;B)| = 1 \quad (2.8)$$

与它们相对照，在最优，即各方能够协调他们行动的情形中，他们的共同利益会使他们选择（唯一的）最佳投资水平 (i^*, e^*)，以实现他们交易关系在日期 0 的（净）现值

$$R(i) - i - C(e) - e \quad (2.9)$$

最大化。它的一阶条件是

$$R'(i^*) = 1 \quad (2.10)$$

和

$$|C'(e^*)| = 1 \quad (2.11)$$

根据式（2.2）和（2.3），对于任何满足式（2.7）和（2.8）的投资 i 和 e，都有

$$R'(i) > \frac{1}{2}R'(i) + \frac{1}{2}r'(i;A) = 1$$

和

$$|C'(e)| > \frac{1}{2}|C'(e)| + \frac{1}{2}|c'(e;B)| = 1$$

由于 $R'' < 0, C'' > 0$，所以，在事前不能对车身缔约的情况下，不论所有权结构如何，都存在关系专用性投资不足，也就是次优（second-best）投资水平小于最优（first-best）投资水平（$i < i^*, e < e^*$）的问题。[12]

产权合同

现在要问的是，有没有可能在日期 0 签订一项合同，来解决这个套牢问题？

如果车身的生产决策可以事前确定，那么双方就很容易签订一项

明晰的绩效合同,保证 M2 在日期 1 按事先确定的价格〔介于 $C(e^*)$ − e^* 与 $R(i^*)$ − i^* 之间〕和要求向 M2 供货,使他们为实现各自的净收益最大化而选择 $i = i^*$ 和 $e = e^*$ 。但是,由于车身只有事后的契约性而没有事前的契约性,所以这种合同办不到。

如果关系专用性投资是能够证实的,那么双方就可以根据他们在日期 0 的投资进行签约。他们在没有这种合同时投资不足的原因,是百分之五十的投资收益要归对方所有。只要合同能对此作出合理的补偿规定,就可以使双方作出最佳投资。但是,无法事先对投资作出可观察、可证实、可执行的描述,所以这种合同也办不到。

产权文献还研究了其他一些办法,如双方签订条件合同(contingent contract)和收益分享或成本分摊合同等。结论是,一方面,如果可能出现重新谈判,那么长期合同就解决不了套牢问题[13];另一方面,即使双方在初始合同中承诺不再重新谈判,他们也可以并且总会在重新谈判的合同中增加放弃这一承诺的条款。

在这种情况下,产权合同就是重要的了。[14]这里所谓的产权合同,指的就是在日期 0 的合同中明确界定实物资产的所有权结构:属于 M1 控制,属于 M2 控制,或 a1 属于 M1 拥有,a2 属于 M2 拥有,等等。之所以考虑产权是因为,第一,合同权利可以分为特定权利和剩余权利两种类型。由于完全列出特定权利做不到,所以只能就剩余权利达成合同。这剩余权利,指的是没有通过合同分解明确放弃的资产控制权。因为只有所有者才有剩余控制权,所以就用它来定义所有权。第二,虽然,不管所有权结构如何,事后谈判总能达成有效率的结果,但是,所有权对事后盈余的分配是敏感的。比如,假定 M2 控制车身公司,那么,如果车身市场看好,他就会要求提价,如果谈判失败,他就会拒绝增产。第三,所有权可以通过对事后盈余分配的影响,来对事前投资决策发生作用。第四,上面几点已经隐含,投资的边际收益取决于非人力资产的使用方式。但是,这些资产的潜在用法无法完全描述,而且,即使可以,也不必花这么大的成本,因为在特定状态出现以后,也许只有一种用法是重要的。因此,最好的办法是事前明确谁拥有剩余控制权——即选择合同中未作规定的资产用法的权力。第五,由于双方不能从签订一个明确规定无交易价格 p_0 和交易价格 P_1 的长期合同中得益,所以,影响投资激励的唯一途径是配置资产所有权(Hart,1995,Chap.4)。

下面就来比较几种不同的所有权配置。(1)M1 拥有 a1 和 a2;(2)M2 拥有 a1 和 a2;(3)M1 拥有 a1,而 M2 拥有 a2。由三种拥有形式的均衡条件可以推出:

$$i^* > i_1 \geqslant i_0 \geqslant i_2 \tag{2.12}$$

$$e^* > e_2 \geqslant e_0 \geqslant e_1 \tag{2.13}$$

由于所有权结构调整既有收益(权利增加的一方激励加强),又有成本(权利减少的一方激励减弱),所以,只有使

$$S \equiv R(i) - i - C(e) - e \tag{2.14}$$

提高的所有权调整才是帕累托改善。只有产生最高 S 值的所有权结构才会在均衡状态得到采用。[15]

3.剩余控制权和剩余索取权

所有权:法的与经济学(传统与现代)的

所有权是一个古老的概念。关于它的法律含义,《拿破仑民法典》第 554 条这样规定:"所有权是对于物有绝对地使用、收益及处分的权利,但法令禁止的使用不在此限。"《德国民法典》第 903 条这样规定:"物的所有人,在不违反法律或第三人权利的范围内,可以自由处分其物,并可以排除他人对物的一切干涉。"[16]我国的《民法通则》第 71 条这

样规定:"财产所有权是指所有人依法对自己的财产享有占用、使用、收益和处分的权利。"

经济学家给出的所有权解释,传统而又比较流行的,有阿尔钦的定义:所有权是"一种通过社会强制而实现的对某种经济物品的多种用途进行选择的权利"。[17]这里的权利包括使用一种资产的权利允许或排除他人使用该资产的权利,获取由资产运用带来的收益的权利和出让或其他处置资产的权利。另外,还有菲吕博腾和配杰威齐的定义:"产权不是指人与物之间的关系,而是指由物的存在及关于它们的使用所引起的人们之间相互认可的行为关系。产权安排确定了每个人相应于物时的行为规范,每个人都必须遵守他与其他人之间的相互关系,或承担不遵守这种关系的成本。因此,对共同体中通行的产权制度是可以描述的,它是一系列用来确定每个人相对于稀缺资源使用时的地位的经济和社会关系。"[18]这个定义强调了隐藏在人对物关系后面的人对人的关系,同时把产权同稀缺资源的有效利用这个经济学的中心问题联系在一起。

现代产权理论在不完全合同的基础上,进一步揭示了所有权的本质,认为所有权就是在合同对决策权没有规定的时间和地方实施剩余控制权的权利和在合同履行之后取得剩余收益的权利。这样定义的所有权概念,更能够展示它的丰富内涵,更容易分析它的协调和激励作用(比如,它可以被用来统一地分析产权结构调整的成本和收益),也更便利于将它融入主流经济学框架(比如,它可以被用来说明"制度""权力""权威"这些重要的概念)。正因此,它与其他观点有着广泛的一致性和包容性。

由于在迄今很长的时间里,我们的产权文献常常只引述所有权的法律定义而不提它的经济学含义,或者,只注重它的剩余索取权方面,而不提它的剩余控制权方面,或者,对严重存在着的产权残缺,即对一种物品、资产或资源的控制权与收益权相分离的现象熟视无睹,却断言国有企业的产权是像私有企业一样明晰的[19],所以现在极有必要弄清所有权概念本身的内容和结构。

剩余控制权

现代产权理论把剩余控制权看作产权的本质,或者,干脆就将它当作所有权的定义。其理由是这样的,如本章第1节所述,实际合同都是不完全的,那么,在未预料的,或未作描述的,或不能证实的事件与行为中,谁有权力来决定合同未涉及的资产使用或处置呢?显然,根据经验,或者说,人们以自己的实践,早就回答了这个问题:所有者拥有这种权力,即以任何不与先前的合同、惯例和法律相违背的方式对物或资产的使用作出决定的权力。由于这种权力是合同条款遗漏或未加规定的,所以,相对于条款列明的或已作规定的特定控制权来说,它们就成了剩余控制权。由于只有所有者才有这种权力,所以它们直接就被用来定义所有权了。

既然剩余控制权就是所有权,那么,它是否也具有通常所说的有效所有权[20]的那些性质呢?现有的文献没有正面提出和回答这个问题。从间接涉及的一些陈述看,答案似乎也不尽一致。但从观点和方法的一致性和连贯性考虑,作肯定答复更有便利。具体来说,就是:

1.普遍性。任何资源,只要它的稀缺性被人们感觉到,人们就会以某种方式确立对它的剩余控制权。还需要注意的是,西方的产权文献,绝大多数(除了有说明的以外)在讨论这些问题的时候,都是以私有产权作为前提的。在这种假定下,剩余控制权是普遍存在的。任何资产都有人(不管是谁)对它拥有剩余控制权。

2.排他性(或叫独占性)。任何产权清晰的资产,它的所有权一定具有排他性,不然,其所有者最佳使用它的激励会被削弱。剩余控制权能使所有者以大的激励有效使用资产的道理就在这里。将资产交给最有激励有效使用资产的人，就是将资产给具有排他剩余控制权的人。残缺这个属性的结果是出现"搭便车"问题或"公地悲剧"问题。

3.可分割性。虽然资产在一定的范围内有不可分割性，但对资产的产权却具有可分割性。对传统的所有权来说，它所包含的使用权、占有权和收益权是可以分割的。比如，土地租赁合同，就是对所有权的分割或分解，显然，这种分割的权利结构比原来的情况更有效率。对于剩余控制权与剩余索取权的关系来说，它们也是可以分割或分离的。比如，拥有具有不同投票权的股票的投资者，他们的收入权对控制权比率是不同的。平分控制权的合资企业，各方的利润分享比例却可以不同。在它们所处的环境下，这样安排也是有效的。问题是，剩余控制权能不能分割？哈特认为，与剩余索取权可以在不同的主体之间分割不同，剩余控制权不能分割（Hart，1988）。但我认为，应该也是可以分割的。当我们分析大股东与作为其代理人的经理的关系时，如果剩余控制权不能分割，那么它就或者属于大股东，或者属于经理，而不再有其他安排了。在这种前提下，文献通常把它判给决定资产运行的经营者。但由此导致的是没有剩余控制权的所有者。于是，有人得出结论，对复杂资产如企业、大公司来说，剩余控制权概念的有用性是值得怀疑的（Milgrom and Roberts，1992，Chap.9）。其实，只要承认剩余控制权是分割的，他们的观点就可以贯穿到大公司的情况下，那就是，股东将与股东权利相联系的剩余控制权（必须将它们看作剩余控制权——如何时，何种情况下挑选何人当经营者——而不能将它们看作特定控制权，以为是指派给股东的权利）留给自己，而将与经营相联系的剩余控制权委托给经营者。

4.可让渡性。这是资产和资源从低价值利用向高价值利用转移，是从并非最有能力利用它们的人那里向最有能力利用它们的人那里转移的保证。如果把商品的市场交易看作是它们的产权交易的话,那么所有权的这一属性就成了价格机制发挥作用的基础。如果把大公司的组织结构和财务结构看作产权结构的话,那么剩余控制权的这一属性就成了企业内部协调和激励机制形成和调整的基础。说让渡商品、资产、资源,就是让渡它们的所有权,就是让渡它们的剩余控制权,前提就是它们的这些权利具有可让渡属性。否则,商品流通、资产盘活、资源优化配置和制度变迁都无从谈起。但是,这属性本身还只是获得效率与效益的必要条件,而不是充分条件。如果交易成本太高,比如说,找不到好的让渡对象,或者谈不成交易,那么交易就仍然不能发生。在这种情况下,可让渡性的价值就体现不出来。同样,如果没有排他性匹配,可让渡性的价值也体现不出来。

由上可见,剩余控制权的这些属性是一个整体。它们要对提高效率与效益发挥作用,第一,需要合适的外部条件,如权利界定清楚,如与剩余索取权匹配,如交易成本较低等;第二,需要相互之间的匹配,不然,也是一种产权残缺,也会对效率产生不利影响。

最后,要指出,法律、惯例和合同对剩余控制权的限制,在不同的时间和地方是不同的,是变动的,而它们对实施剩余控制权的结果有影响。比如,对企业的所有者解雇雇员的剩余控制权加上"必须有理由"的限制,会使解雇雇员的成本提高,这样,一方面,会影响雇员面临的压力和就业水平,另一方面,会影响雇员投资于企业专用技能的激励。因此,剩余控制权所受的限制对它的价值也有影响。

所有权不是绝对的,就是说,在有些场合,非所有者根据法律,也会有剩余控制权。比如,如果房间的油漆与附近工厂的排放物有反应,房客就有权要求房主重新油漆,尽管原先合同对此并未作规定(Hart,1988)。

在企业里,剩余控制权的拥有者在不同情况下可能不同。以股份制企业为例,在正常情况下,它由股东最终拥有,一旦资不抵债,就转由债权人拥有。因此,谁拥有剩余控制权是状态依赖的。

剩余收益权

传统的剩余收益权这样定义:在其他各方按合同获取他们的收益以后,剩余的收益由所有者索取。[21]通常,人们也在这个剩余的意义上理解剩余收益权的涵义。并且,人们还以此为据,用剩余索取权来定义所有权,认为所有权的其他方面都可以分割与转让,但剩余权却必须保留,因为它是所有权最本质的标志。拿这个概念分析企业,企业的剩余索取者,即获取所有的收入减去所有债务、费用和其他合同支付后的剩余的人,就是企业所有者。反之,也只有企业所有者,才有权获得这其他要素都得到支付后的剩余收益,因为只有他承担了收益风险。拿这个概念对企业进行分类,有:剩余收益权属于股权投资者的股份制企业,剩余收益权属于管理者的管理者企业(如无限责任的合伙制或经营者收购的股份制企业),剩余收益权属于工人的工人合作制企业,以及分享剩余收益权的各种中间形式。

从前面不完全合同与产权的观点来看,传统的这些认识就很有讨论的余地。首先,是剩余收益权与不完全合同的关系。容易设想,在完全合同下,每一种结果中的财富分配都已在合同中有了规定,因此,不存在任何可以视为剩余的收益。只有在不完全合同下,才有剩余收益存在。或者,反过来说,不能预期、描述或证实的剩余收益本身就是合同不完全的原因。这个剩余收益权中的"剩余"两字,还应该加上合同不能作出规定的含义。

其次,是剩余收益权与剩余控制权的关系。传统观点强调前者,但现代观点更强调后者。比如,密尔格罗姆和罗伯茨是这样从后者推出前者的。他们认为,在所有权的法律定义中,还包含一种经常被强调为所有权特征的控制权——占有权(right of possession)。它的主要的经济意义,是允许所有者拒绝不支付所有者要求的价格的人使用他的资产。而这就使得所有者能够获得并保有资产的剩余收益(可能是直接的当期现金流,或者是未来收益流量的贴现值)。[22]奥利佛·哈特讲得更加直接,他认为:第一,在不完全合同世界里,那些拥有剩余控制权的人最终将得到企业的利润,假定他们的权力可将利润分配给他们自己。第二,剩余收益可能不是一个非常健全或重要的理论概念。例如,在一个双方都是剩余索取者的利润分享合同中,如果利润不能证实,那么剩余收益怎样分配就是不清楚的。第三,拥有剩余收益权的人并不一定就拥有剩余控制权,就像工人可参与利润分配,却没有投票权一样。[23]

再次,在确定企业所有者和划分企业类别的时候,因此也就不能只凭借剩余收益权的归属,而是还要(或首先要)依据剩余控制权的归属了。

既然剩余收益权依赖于剩余控制权,那么,就可以推知,前面所说的剩余控制权的那些属性,同样也应该是剩余收益权的属性。具体来说,就是,对剩余的索取权也是排他的、可分割的和可让渡的。

在企业里,剩余收益权概念也是状态依赖的。当企业无力偿还债务时,它增加的收入就必须先支付给贷款人,在这种情况下,贷款人就是剩余索取者。企业的绩效会影响市场对经理能力的评价,从而影响他们未来的机会和收入,因此,经理们是部分收益的剩余索取者。随着企业收益增加,工人的工资、奖金、提拔机会和其他福利都会增加,这些都不是合同规定的,因此可以认为他们也得到了剩余收益权。

两者的搭配

把剩余控制权和剩余收益权结合在一起,就可以让决策者承担决策的全部的财务后果,这样,他的自利动机就会驱使他尽可能地作出好的决策,而避免坏的决策。[24]这也就是说,是让最有动力作出好决策的人去作决策。所有权激励的奥秘就在这里。

比如,在所有者兼经营者的古典型企业中,因为只有一个剩余索取者,所以最大化该剩余索取者得到的价值就等同于最大化所有各方得到的价值。由于该剩余索取者同时拥有剩余控制权,那么通过追求他自己的利益、最大化他自己的收益,他就会作出有效率的决策,并能对其他要素投入进行有效的监督。不考虑决策能力、财富约束等情况,这种模型表明,由此形成的剩余决策(residual decision)一般都是有效率的最佳决策。相反,如果作出决策的一方只负担决策引致的部分成本或收益,那么他就作出无效率的决策(外部效应、公共产品问题、搭便车问题都是例子)。

对于这两种权利结合使用的理由,哈特强调四点:第一,控制权与收入权是高度互补的,因此,根据严格互补资产应该统一支配的原理,把它们配置给同一个人才是合理的。不然,如果一方拥有资产的控制权,而另一方拥有大部分收益权,那么,前者就不会有多大激励开发资产的新利用方法,因为增加的收益大部分归后者。同样,后者也缺乏这方面的激励,因为他必须就他对新办法的权利与前者谈判。换言之,两者分离就会导致套牢问题。第二,资产使用的短期收入与长期收入分别取决于生产经营决策(以什么质量生产多少什么产品)与资产经营决策(是否或何时以何价维修或出售资产)。如果资产的使用者只有生产决策权,并通过高能激励合同获取短期收入,那么,他们就可能会有短期行为,甚至滥用资产,相反,如果将他们的收入与长期决策权结合在一起,那他们至少就会在短期和长期行为之间平衡他们的活动。第三,有时,这两者根本就不能分离。比如,费舍尔车身公司同通用汽车公司签订一个事前合同承诺将生产车身的大部分利润都给通用汽车公司,但实际上,由于它具有所有者的事后权力,所以它可以在通用汽车公司同意放弃一部分利润后,或者,在通用汽车公司以其他方式补偿它以后才供货。第四,两者分离还会导致公司控制权市场的低效率,使具有较高个人利益但较低总价值的经理班子,在与个人利益较低,但却可为全体股东创造较高价值的经理班子的接管竞争中获胜(Hart,1995)。

承包、租赁与所有的区别,就在于在前两种情况下,资产使用者拥有暂时(在合同期间)的剩余控制权但却没有剩余收益权,由于承包、租赁合同是根据可观察可证实的维度(如时间长短、损坏程度),而不是(因为不可能)按实际使用成本(当期的和长期的)计算费用的,所以精心使用和维护资产不一定能减少费用,粗心使用和不维护资产也不一定会增加费用,因此,资产的长期或综合使用效果以及资产本身的保值与增值效果,往往都是低效率的。相反,在资产所有者既有剩余控制权又有剩余收益权的情况下,由于所有者既享受资产增加的价值,又承担资产增加的成本,所以会按使资产价值最大化的态度和方式来对待和利用资产。

剩余控制权和剩余收益权残缺不全或搭配不当,被称作产权残缺(肖耿,1997)。在已经和正在改革的中国经济和企业中,产权残缺是大量和严重存在着的,并且成了低效率和低效益的原因之一。比如:(1)企业收入的剩余索取者是国家,而实际的剩余决策者是企业经理、工人和主管部门的官员,这些人中没有哪一个拥有很大的对于企业价值的索取权(顺便提一句,从固定的八级工资制向与绩效挂钩的报酬制度的转变,就是从产权残缺向产权完全的转变)。(2)重大投资的申报、立项、审批、拨贷款和实施,分别由不同的政府部门和官员负责,不仅剩余控制权与剩余收益权分离,而且它们各自也是相分离的,就拿剩余控制权来说,它的分离,就会产生类似联合所有权(任何一方的意见只有在其他各方都同意时才有效)的问题(任何有利于项目的努力的收益要与他人分享,而成本则要自己单独承担,因此努力程度总会低于最佳水平)。[25](3)乡村企业进行工业生产虽然创造了产值、利润,增加了农业剩余劳动力向工业的就地转移,但是,其中不少企业在生产过程中排放的污染所造成的由社会而不是它们自己负担的成本(如果能让它们自己负担,就不会有如此严重的后果了),可能远远超过他们带来的全部收益。

值得指出,当说中国经济中的低效率的一个重要原因是缺少产权的时候,有人就会站出来说,中国的产权是健全的,你说缺少了什么?当说产权改革应该是整个经济体制改革重要一个方面的时候,又会有人出来说,国有产权本来就是明晰的,你还要怎么改?对于这两个问题,上面所述多少是一个方面的回答吧!

4.产权的作用:理论根据

产权的作用,尤其是在经济体制和企业改革中的作用,可以从不同的角度和层次来进行研究。按它们的理论概括,可以分为以下几种情况。

公地的悲剧:明晰产权的作用

公地的悲剧[26]是界定不清的模糊产权引起的最严重的激励问题。它表明,当许多人都有权使用一项共同的资源时,就存在过度使用这项资源的激励。下面以海洋捕鱼权为例来说明这一现象。

考虑这样一个海洋渔区,有 n 个渔民可以自由地在其中进行商业性捕鱼活动。假定他们各自决定的每年捕捞工作量用 f_i 表示,$i=1,2,\cdots,n$。整个渔区的总捕捞工作量就是 $F = \sum_{i=1}^{n} f_i$,用 v 表示每个渔民单位捕捞工作量的收获物价值。设鱼的价格为 1,v 就是 F 的减函数,因为今年的捕捞工作量越大，总收获量也越大，而明年鱼的储量就越小，所以每个渔民的单位捕捞工作量的收获量及其价值也越小，而且，随着捕捞量的不断增加，单位工作的收获量和价值会加速下降。这也就是，$v = v(F)$，$v' = \partial v/\partial F < 0$，$v'' = \partial^2 v/\partial F^2 < 0$。

假定每个渔民单位捕捞工作量的成本是 c，那么他们每人的利润函数就是

$$\pi_i(f_1, f_2, \cdots, f_n) = f_i v(F) - f_i c \quad i = 1, 2, \cdots, n$$

每个渔民的问题是确定使这利润实现最大化的最佳工作量 f_i，它的一阶条件是

$$\pi'_i = \partial \pi_i/\partial f_i = v(F) + f_i v'(F) - c \quad i = 1, 2, \cdots, n$$

将 n 个一阶条件相加后约简，可得

$$v(f^*) + F^* v'(F^*)/n = c \qquad (2.15)$$

但整个渔区有效率的目标应该是使它的总利润最大化，即

$$\text{Max } Fv(F) - Fc$$

获得最佳 F^{**} 的一阶条件是

$$v(F^{**}) + F^{**} v'(f^{**}) = c \qquad (2.16)$$

比较式(2.15)与(2.16)，容易发现 $F^* > F^{**}$，可见，渔区资源被过度使用了。或者说，捕捞工作量供给过度了，这就是公共产权的悲剧。造成这个问题的原因是外部效应使个人收益与社会的成本收益相分离。任何一个渔民限制自己的捕获量（和收入），都有利于保持整个渔区的储量。但是，他得承担因此带来的全部成本，而因此产生的收益却会分散到在这一海区捕鱼的所有渔民身上。当现代捕捞技术使得渔民们很容易捕获到大量的鱼的时候，这个过度捕捞的问题就严峻地提到了人们的面前。

团体所有权(group ownership)是解决这个问题的一条途径。办法是将控制海区的排他权交给由当地渔民组成的捕捞协会，这种排他权

包括决定谁可以在渔区内捕鱼、总的捕捞数量以及影响捕捞方法的各种规定（如允许捕捞的时间或季节、网眼的大小）的权利。在此基础上，渔民协商他们的捕捞量。[27]

这种安排的优点是，每个渔民自己承担捕捞成本，所以有激励有效率地进行捕捞，而捕捞协会则能出于保护鱼群数量的集体动机，以使渔民共同的利润最大化为目标来行使它的排他权。在价格大致由竞争决定的情况下，使全体渔民利润最大化的捕捞工作量就是有社会效率的捕捞工作量。

它的缺陷是，首先，要驱逐协会以外的人捕捞可能成本很高。其次，在协会的成员之间可能存在严重的道德风险问题，如果采用配额法，他们就会有动机通过欺骗过度捕捞。相反，如果每个成员被给予总捕捞量的一个固定份额，那么他们就会有动机削减作业量。第三，在全体渔民之间达成治理捕捞的恰当规则也有成本。

个体所有权（single ownership）是解决这个问题的另一条途径。办法是将上述排他权安排给一个人（可以是渔区的一个渔民，也可以是其他能人）。显然，他有强烈的动机权衡当期增加捕捞的收益和未来捕捞量减少的成本。他也会排除其他人捕捞，因此，外部效应可以消除。但这个办法也有缺陷。第一，怎样确定这个人选。如果每年轮流坐庄，就会鼓励低效率的短期行为。不过，将这些权利拍卖给出价最高的投标人，或许会好一些。第二，如何补偿未中标者，这仍要进行无效率的谈判（Milgrom and Roberts,1992）。

公地的悲剧这个例子，常被用来说明私有化的必要（North, 1981; Ostrom, 1990; Jozef, 1992）。但从上面的阐述可以看到，它所要求的是调整产权，而且存在多种各有长短的所有权形式可供选择。因此，以不能私有化为由而否定必要的产权改革，是不妥当的。实际上，这种公地的悲剧，在私有财产制度下也会发生。比如，对于拥有同一块油田或地下水矿产开采权(通常分配给矿藏上面土地的所有者)的不同的人来说,就会出现这种问题:各方都尽可能迅速地开采石油或水,以图捷足先登。而这样做会提高石油的开采成本,导致资源的迅速耗竭。因此,不管在什么财产制度下,公地悲剧都是一个导致要求产权明晰化的问题。

外部效应的产权解决办法

设沿河顺流相邻建有造纸厂 Z 和自来水厂 W。Z 厂生产纸张 Z,同时排放污染物 x 进入河流。使 W 厂因增加了水处理难度而提高生产成本。假定 Z 厂的成本函数是 $C_z(Z,x)$,并且,$\partial C_z/\partial Z>0, \partial C_z/\partial x \leqslant 0$。W 厂的成本函数是 $C_W(W,x)$,并且,$\partial C_W/\partial W>0, \partial C_W/\partial x>0$。这里的 Z、W 和 x 分别表示纸张、自来水和污染排放量。污染增加(减少)使纸张的生产成本下降(提高),但却使自来水的生产成本提高(下降)。

假定纸张的价格是 P_z。造纸厂的利润最大化问题就是

$$\text{Max}_{Z,x} P_z Z - C_z(Z,x)$$

它的一阶条件是

$$P_z = \partial C_z(Z^*, x^*)/\partial Z$$
$$0 = \partial C_z(Z^*, x^*)/\partial x$$

假定自来水的价格是 P_W。自来水厂的利润最大化问题是

$$\text{Max}_W P_W W - C_W(W,x)$$

它的一阶条件是

$$P_W = \partial C_W(W^*, x^*)/\partial W$$

在这里,造纸厂可以选择它的污染排放量水平,而自来水厂却只能被动地接受这个水平。由于污染的价格被假定为零,所以污染将不断排放,直到新增单位的污染成本为零才止。显然,自来水厂承担的这个成本,实际是造纸厂生产的社会成本。由于造纸厂不考虑它,所以从社会的

角度看,它的生产和污染都是过度的。

通过明晰产权解决这个问题有几个办法。办法(1)是合并这两个厂,通过产权的再分配,使外部效应内部化。合并后企业有了同时控制两个工厂的权利和利益。它的利润最大化问题成为

$$\text{Max}_{Z,W,x} P_z Z + P_W W - C_z(Z,x) - C_W(W,x)$$

它的一阶条件是

$$P_z = \partial C_z(\dot{Z},\dot{x})/\partial Z$$

$$P_W = \partial C_W(\dot{W},\dot{x})/\partial W$$

$$0 = \partial C_z(\dot{Z},\dot{x})/\partial x + \partial C_W(\dot{W},\dot{x})/\partial x$$

污染成本的内部化,使得污染排放水平从由条件 $MC_z(Z^*,x^*)=0$ 决定,变成由 $MC_z(\dot{Z},\dot{x}) + C_W(\dot{W},\dot{x})=0$ 决定。因为在后面这个条件中,$MC_z > 0$,所以在合并情况下,污染排放会减少,而确定在帕累托有效率水平上。

办法(2)是令自来水厂有使用不受污染的清水的权利,并且,这种权利可以在市场上交易。设 P_x 为单位污染的价格,造纸厂的利润最大化问题于是成为

$$\text{Max}_{Z,x} P_z Z - P_x x - C_z(Z,x)$$

它的一阶条件是

$$P_z = \partial C_z(Z,x)/\partial Z$$

$$P_x = -\partial C_z(Z,x)/\partial x$$

自来水厂的利润最大化问题于是成为

$$\text{Max}_{W,x} P_W W + P_x x - C_W(W,x)$$

它的一阶条件是

$$P_W = \partial C_W(W,x)/\partial W$$

$$P_x = \partial C_W(W,x)/\partial x$$

这样,不论是购买污染权的造纸厂还是出售清水权的自来水厂,面对的都是它们行为的边际社会成本。当产生外部效应权利的价格调整到它供求相等的均衡水平时,我们就又得到了与办法(1)相同的结果。

办法(3)是令造纸厂有排放 x' 量污染的权利,自来水厂可以并且愿意对它减少污染进行支付。这样,造纸厂的利润最大化问题变成

$$\text{Max}_{Z,x} P_z Z + P_x(x' - x) - C_z(Z,x)$$

它的一阶条件是

$$P_z = \partial C_z(Z,x)/\partial Z$$

$$P_x = -\partial C_z(Z,x)/\partial x$$

自来水厂的利润最大化问题变成

$$\text{Max}_{W,x} P_W W - P_x(x' - x) - C_W(W,x)$$

它的一阶条件是

$$P_W = \partial C_W(W,x)/\partial W$$

$$P_x = \partial C_W(W,x)/\partial x$$

容易发现,这里的均衡条件与最优选择水平和办法(2)是完全相同的。

上面的(1)是外部效应的企业一体化解决办法,(2)和(3)是外部效应的市场交易解决办法。它们实质上是以不同的方式,对原来不明确的产生外部效应的权利(对于工厂资产的其他权利,这里实际上是假定已经明确界定了的)作出安排和界定。由于这里将产权变动的交易成本假定为零,所以最优选择水平在三种情况下是相等的。这也就是说,与产权不明晰相比,明晰产权(这里仅指污染权,或等价地清水权)会改善效率。但以不同的方式来明晰产权(如上述三种办法中的某一种),都只改变利润分配,而对效率没有影响(范里安,1992,第30章)。

产权的最优配置

上面的分析,实际上,也就是传统产权理论的分析,只涉及产权明

晰，也就是产权应当有人排他地、可让渡地拥有与效率的关系。现在，我们根据现代产权理论，进一步提出产权的配置与效率的关系问题，也就是说，谁拥有产权是最优的问题。这是一条有广泛应用前景的产权调整增进效率与效益的新途径。它以交易成本和不完全合同为基础，所以能够兼顾产权变动的收益和成本，而这些，却正是传统观点所忽略的。

举一个简单的例子。考虑一种资产，比如一台机器。一位操作机器的经理和一位有钱的外部投资者。比较两种产权结构：一种是由经理作机器的所有者，另一种是由投资者作机器的所有者，让他以等于利润的报酬雇用经理。问，这两种产权安排的结果一样吗？如果不一样，产权属于谁更好一些？

假定在日期 1 进行的使用资产的行为不可能在初始合同中规定，所以存在以事先未规定的方式使用资产的剩余控制权。假定这种权利使得所有者可以提取 $(1-\lambda)$ 的收益 $B(X)$，这里的 $0<\lambda<1$。再假定 $(1-\lambda)B(X)$ 是不可证实的，而剩下的 $\lambda B(X)$ 是可以证实的。因此合同设计以后者为基础。最后假定经理可以获得资金，并且，如他愿意的话，就能用它来 1∶1 地增加机器利润。这部分利润不可证实，所以不会被资产所有者提走。不过，在均衡状态，这种行为不会发生，但发生的可能性对合同形式有约束。

既然可赖于缔约的只有一个变量 $\pi=\lambda B(X)$，所以一个合同只由一个分配规则 $I=I(\pi)$ 构成。这里作为 π 函数的是经营者收入。最佳分配由使社会盈余 $B(X)-X$ 最大化的 X^* 组成。如果经理为所有者，那么，他可以拿到等于全部利润的报酬，即 $I(\pi)=\pi-E$（E 为进入费），也可以拿到所有者的提成利润 $(1-\lambda)B(X)$，这样，他的净总收益就是

$$R=\lambda B(X)-E+(1-\lambda)B(X)-X$$

将它最大化,一阶条件是

$$B'(X) = 1$$

可以求得最佳水平 $X = X^*$。

如果外部投资者取得机器所有权,他就可以利用这个权利以有利于他自己的方式使用机器,比如,向由他控制的上游或下游企业转移利润来获取 $(1-\lambda)B(X)$。在这种情况下,经理将会使下式最大化

$$\text{Max} I(\pi) - X = I(\lambda B(X)) - X$$

它的一阶条件是

$$I'\lambda B'(X) = 1$$

这里的 $I' \leq 1$,否则,经理就会通过注入资金来扩大利润,因为,如果 $I' > 1$,那么 π 每增加 1 元,经理收入的增加就会超过 1 元。因此,$B'(X) \geq 1/\lambda > 1$。对比前面的 $B'(X^*) = 1$,可知,由外部投资者拥有控制权,不能实现最佳(Hart,1988)。

本章第 2 节所述的产权合同,以及下一章第 1 节要说的一体化的产权分析,用的都是与这里相同的观点与方法。它的基本点是,第一,考察由谁拥有所有权最有效,这是一个比明晰产权更深一层次的问题,在所有产权都已经私有的情况下,在产生外部效应的权利已经明确的情况下,这个问题仍然存在,而且更为重要。在其他的所有制情况下,这个问题还是存在,而且同样重要。第二,产权配置的这种重要性,来自第 1、2 节所说的不完全合同和剩余控制权。第三,这些说明,权力、权利、权威都是一种稀缺的资源,本身就应该很好地加以配置和利用,而不应该将它们浪费了。第四,产权结构调整的重要性,可以用来说明企业和其他制度的性质和边界。

公共产品的提供问题

国有企业,从而国有资产,即主要由政府控制的企业或资产,应当

主要集中在公共产品方面,或者,反过来说,公共产品应该由政府来供给。这种观点的理论根据是这样的:纯公共产品私人自愿供给的纳什-古诺(Nash-Cournot)均衡水平,低于帕累托最优水平。设代表性个人的效用函数 $U(y,Q)$ 是连续、严格递增、拟凹和二次可微的,其中 y 是纯私人产品,Q 是纯公共产品。$Q = \sum_{i=1}^{n} q_i$。由于公共产品的非竞争性和不排他性,所以,如果每个人提供的公共产品为 q,那么他可搭便车消费的公共产品就是 $Q^* = Q - q$。设个人收入为 I,公共产品以私人产品为计价物,则个人的预算约束为 $y + pq = I$。在其他个人选择给定的情况下,每个人的最优策略是使 $U(y,Q) + \lambda(I - y - pq) = U(I - pq, q + Q^*) + \lambda(I - y - pq)$ 实现最大化的 (y,p)。最优化的一阶条件是

$$\partial U_i / \partial Q - \lambda p = 0$$

$$\partial U_i / \partial y_i - \lambda = 0$$

因此,

$$(\partial U_i / \partial Q) / (\partial U_i / \partial y_i) = p$$

由此决定的公共产品自愿供给的纳什均衡水平是

$$Q = \sum_{i=1}^{n} q_i^*, \quad q^* = q_1^*, \cdots, q_i^*, \cdots, q_n^*$$

现在来看公共产品供给的帕累托最优条件。按照萨缪尔森(Samuelson,1954)的研究,在一定的条件下[23],存在帕累托有效配置。最优化的一阶条件是边际替代率之和等于价格之比,即

$$\sum [(\partial U_i / \partial Q) / (\partial U_i / \partial y_i)] = p$$

也就是说

$$(\partial U_j / \partial Q) / (\partial U_j / \partial y_j) = p - \sum_{i \neq j} (U_i / \partial Q) / (\partial U_i / \partial y_i)$$

可见,帕累托最优的公共产品供给水平,大于纳什均衡的供给水平。原因是公共产品的消费可以搭便车,任何一个人只要以为别人会多提供

公共产品,他就会作出少提供的反应。由于这样做会导致公共产品供给不足,所以要由政府来帮助。当然,政府提供公共产品也有它的问题,比如,怎么才能知道所有的价格和偏好,怎么才能避免税收带来的扭曲等。[29]

5.科斯定理

流行的表述

科斯定理(Coase Theorem)这个提法,最早出现在诺贝尔经济学奖获得者、美国芝加哥大学教授斯蒂格勒(G.Stigler)1966年出版的《价格理论》(The Theory of Price)一书中。它的内容被概括地表述成"在完全竞争条件下,私人成本将等于社会成本"这样一句话(Stigler,1966)。

以后20多年里,人们对它的内涵和意义作了广泛而深入的探讨,考特(Robert D.Cooteer)在他为《新帕尔格雷夫经济学大辞典》撰写的"科斯定理"词条中,将这场争论的结果归纳为似乎穷尽了科斯定理含义的三种传统解释:

1.从效率的角度看,只要法定权利(legal entitlements)可以被自由地交换,那么它们的初始配置便无关紧要。

2.从效率的角度看,只要交换的交易成本为零,那么法定权利的初始配置便无关紧要。

3.从效率的角度看,只要法定权利能在完全竞争市场上交换,那么它们的初始配置便无关紧要。

考特认为,解释1表明,保证法律的效率,是一个消除法定权利自由交换的障碍的问题,法律的效率可以通过明确界定法定权利和实施法定权利私人交换契约而得到保证。解释2表明,利用法律可以降低交易成本,通过促进法定权利的交换,而非通过法定权利有效的初始配置,法律制定者将更有可能实现效率。解释3表明,保证法律的效率,实际上是一个保证存在法定权利交换的完全竞争市场的问题。完全竞争的条件包括存在许多买者和卖者,没有外部效应,市场参与者拥有关于价格和质量的全部信息以及零交易成本。

1988年,考特在他与托马斯·尤伦(Thomas Ulen)合写的《法和经济学》(*Law and Economics*)一书中,又进一步对科斯定理作了这样的表述(Cooteer and Ulen,1991):

规范的科斯定理——建立法律以消除私人协议的障碍。

实证的科斯定理——当权利冲突的双方能够一起谈判并通过合作解决其争端时,无论法律的基本规则是什么,他们的行为都将是有效率的。

很明显,上面这些解释和表述,侧重于法律经济学角度的考虑和概括。下面,我们来看一下美国斯坦福大学保罗·米尔格罗姆教授,国际公认的权威经济学家,在1992年出版的他和约翰·罗伯茨合撰的《经济、组织和管理》一书中,从组织理论的角度,对科斯定理下的定义(Milgrom and Roberts,1992):

> 如果谈判各方达成一个对他们来说是有效的协议,如果他们的偏好不显露财富效应,那么,他们一致同意从事的创造价值的活动,将不取决于谈判开始时各方讨价还价的能力,也不取决于每一方拥有什么资产。相反,仅有效率单独决定活动选择。其他因素只能决定成本和收益如何分配。

米尔格罗姆和罗伯茨认为,这个著名的定理是研究企业和其他经济组织的交易成本方法的基础。在没有财富效应等的假定下,如果达成的协议不可能再有其他的互利机会,如果相关范围内的资源配置使有关各方的总价值实现了最大化(配置有效率),那么,有效性原理㉚、价值最大化原理同科斯定理一起就意味着,在考虑到交易成本的情况下,所有的实际活动都是为了使当事各方的总价值实现最大化。对于任何界定了谁以什么资源(和因此发生的总生产成本)做什么的既定生产计划来说,有效率的组织就是以最小交易成本(包括拟定合约、监督雇员、执行合同及解决纠纷等的成本)实现这种计划的组织。显然,在这里,科斯定理作为新古典的补充,成了交换只在互利时才会发生这一普遍原则的新运用。

科斯的本意

科斯定理之所以会有各种不同的表述,除了主要是由于它具有广泛的应用领域以外,恐怕同科斯本人未对这个定理作一般性的定义也不无关系。科斯自己讲述这个定理的思想的著述,主要有他发表在1959年10月期《法律经济学杂志》上的那篇选择无线电频率作为对产权进行经济分析的主题的论文《联邦通信委员会》(Coase,1959),和他那篇被人反复引用,并被人们认为同科斯定理直接联系在一起的著名论文《社会成本问题》(Coase,1960),以及他1980年发表的《"社会成本问题"的注释》㉛一文。科斯始终不对科斯定理明确下定义,也许与没有哪个定义能概括他如此丰富、复杂的思想有关。下面是他在这些文章中阐述的主要观点。

1.产权是重要的。邻近频率的干扰,医生和制糖商、养牛者与农夫的争执与相互妨害,真正原因不在频率等的数量有限,不在竞争制度失败,不再需要政府管制或征庇古税(Pigou,1932),而在没有建立明确的产权。有些机制常用的是价格机制,被用于在众多提出权利要求的人中确定应允许谁使用稀缺资源(如土地可以通过价格机制分配给土地使用者）。但是，如果没有建立土地产权，任何人都可以占用，一个人用一块地种庄稼，另一个人可以接着在其上盖房，再来一人又可以拆房修停车场，那就会发生混乱。价格机制不能起作用，是因为没有可供购买的产权。

2. 资源的市场配置优于政府配置。资源配置应当由市场力量决定而不是由政府决策决定。因为试图取代价格机制功能的行政机构会碰到两大难题。首先是缺乏本应由市场决定的收益与成本的量化标准。其次，实际上也不可能拥有每一个商业经营者的所有信息和消费者的各种偏好。不过，如果市场运行成本大大超过行政机构运行成本，人们就可能会默认行政造成的配置失误。

3. 法律要明晰界定产权。法律体系的目标之一就是建立清晰的权利界限，使权利能在此基础上通过市场进行转移与重新组合。因为产权界定是市场交易的基本前提。没有这种权利的初始界定，就不会有权利转让和重新组合的市场交易。此外，还应当允许一个使用者买下其他使用者的权利以独占使用权。这样，如果定价制度的运行毫无成本，最终的结果（产值最大化）就不受法律状况影响。这也就是说，如果交易成本为零，那么资源配置就同产权的初始分配无关。②而且，如果这种市场交易是无成本的，那么通常会出现这种权利的重新安排，假如这种安排会导致产值的增加的话。

4. 无外部效应而使用一种资源的权利与以有外部效应的方式进行经营的权利在分析上没有什么区别。一旦建立了当事人的法律权利，那么，只要有迹象表明在谈判中花费的成本有益于解决问题，谈判就能够改变法律规则程序，产值最大化的终极结果与法律判决无关。目标不应该是干扰最小，而应该是产出最大。所有的产权都会干扰人们利用资源的能力，必须保证的是从干扰中获得的收益大于产生的危害。

5. 有外部效应的行为不仅不影响引入产权，而且，由于利益冲突发生在个人之间,反倒使产权明晰成为必要和可能。产权明晰(第一次配置)加上价格制度(第二次配置)通常能够解决由外部效应引起的冲突。

6.如果受损害者很多,通过市场解决就很难。当在众多的共同经营者或组织中间进行产权转移必须通过市场形式时,谈判过程可能会非常费时和困难,从而使这种转移实际上不可能,即使通过法院来行使权利也不容易。在这种市场因成本太高而无法运行的情况下,强制推行规定人们应该做什么和不应该做什么的管制可能会好一些。

7.经济学家要离开交易成本为零的科斯世界。传统经济学的一个错误就是忽略了交易成本,一旦引入它,则法律不仅对配置,而且对人们安排契约的动力,都会有重大作用。在科斯世界中引出的"臭名昭著"的科斯定理应当是通向分析具有正交易成本的经济之路上的阶石。在这个现实世界中,由于市场中交易的东西不是像传统经济学认为的物理实体,而是采取确定行动的权利和个人拥有的、由法律体系创立的权利,所以法律体系将会对经济体系的运行产生深远的影响。权利应该配置给那些最富生产性地使用它们的人,应该探索这样一种有效的产权体系。如果不对交易赖以进行的制度详加规定,新古典经济学关于交换过程的讨论就毫无意义。[33]这也就是说,在交易成本为正时,配置效率与产权初始分配有关。

8.在现实世界中,首先,发现交易对象,交流交易愿望和方式,谈判、缔约和履约都有成本;其次,如果这些成本大于权利调整带来的产值增加,禁令或赔偿就可能使权利的市场调整停止或不发生,因此,合法权利的初始界定会对经济运行效率产生影响;再次,这时,有利的权利调整也要法律确定,不然,转移和合并权利的高成本会使最佳配置和最大产值无法实现;最后,采用替代的经济组织和办法能以低于市场的成本达到有效结果。一种是用企业来替代市场配置资源,由于企业获得了所有各方面的合法权利,所以在企业内部,要素组合中的讨价还价被取消,行政指令替代市场交易,活动的重新安排不再是用契约对权利进行调整而是作为如何使用权利的行政决定的结果。这实际上是通过企业将外部效应内部化。只要企业的行政成本低于市场的成本,企业活动的调整可获的收益大于它的组织成本,人们就会用此办法。另一种是政府直接管制的办法,这不是建立可由市场调整权利的法律,而是强制规定人们必须做什么和不许做什么,并要求人们必须服从。政府作为超级企业的这种权威性,可以减除不少麻烦,但也有成本,仅当它比其他办法更有效率时才会被采用。第三种办法是法院直接影响经济行为,因此,它在判决时就应该了解和考虑判决的经济后果,显然,即使在科斯世界,这样做也能减少交易和节约资源。在这里,重要的是明白,法院实际作出的是关于资源使用的经济判决。这就启示人们,在界定权利这种纯粹法律问题上,经济学也大有用武之地,权利也是生产要素。

应用条件和政策含义

同认为科斯定理是错误的,也不适合在我国的经济体制特别是所有制改革中应用的看法相反[34],我们认为科斯的意见虽然有其局限,但仍是富于启迪意义的,在我国的经济改革实践中也是很有应用价值的。

科斯以前,对于外部效应这样的问题,经济学家普遍认为只能靠政府干预,如征税或管制来加以解决。外部效应造成市场失灵,限制了竞争市场原理的作用范围。科斯定理提出了外部效应在一定条件下的市场(产生或避免外部效应的权利交易的市场)解决办法[35],并且使自由交易导致效率的原理扩展到完全竞争模型的正式范围以外:只要交易成本低和产权界定明晰,即使市场不是完全竞争的,也不论初始产权和谈判力量如何分配,资源都能得到有效率的配置。

一般认为,科斯定理的应用是有条件的。这条件,其实就是它的假定前提,如交易成本为零,产权界定明晰,自愿交换互惠(斯密定理),完全的知识(生产、利润和效用函数等),最大化目标,免费的法律制度,无策略行为(strategic behaviour),无财富效应(wealth effect)。其中最重要的是最前面两条。

以为科斯定理的上述假设与事实不符,所以认为它就是错误的推断[①]是不妥当的。任何定理都建立在假设的前提下,人们不因空气阻力而否定牛顿定律,因为在无阻力情况下它的确是那样的。人们也不该因交易成本而否定科斯定理,因为在无交易成本情况下它也的确是那样的。就像牛顿定律为研究现实物理世界提供了有用的参照一样,科斯定理也为研究现实的经济世界提供了有用的参照。科学总是通过抽象把握世界的,而抽象就要把一部分现实假定掉。

因此更重要的是,要从这些条件上看出科斯定理的政策含义。那就是,第一,明晰产权,因为按照科斯定理,它是促进效率的必要条件和重要手段。而具体来说,这就要求:(1)产权必须是明确的。也就是说,任何资源都必须有明确的所有者。因为,如果没有人明确拥有一项有价值的资产,那么就没有人有保护和增加资产价值的激励。(2)产权必须是可自由交易的。因为,如果产权不可交易,那么资产将不会最终流动到那些能最好地使用它们并因此也最重视它们的人的手中。(3)产权必须是有保障的。因为,如果产权没有保障,那么产权就有可能在未来某个时间受到限制或者完全丧失而又没有公平补偿,考虑到这种可能的后果,所有者就不会投入太多资源在资产的开发和维护上(激励不足)。总之,就是要建立明确的、可执行的、容易转让的产权,没有这样的产权安排,效率就不会实现。

第二,优化产权。按照科斯定理,低交易成本是有效率结果的一个必要条件。由于有限理性、私人信息和机会主义等原因,谈判、协议和实施合同的成本通常是比较显著的,因此,完全的价值最大化的产权转让协议可能无法实现,所能得到的至多是某种约束效率。在这种情况下,科斯定理的启示在于:产权的事前分配是极为重要的。这种分配可以由政府进行,例如,由它来保护、修改、转让和管制已有的产权,或建立以前未界定过的新的产权;也可以用法律来进行,例如,财产法的一个可能的目标就是以一种创造价值的方式安排产权;还可以由组织来进行,例如,通过企业来合并、转移和调整产权。至于究竟由谁来进行,就看谁来做成本最低了。反过来,企业等制度的性质和功能,也可以从交易成本和产权方面得到洞悉和解释。企业经济学、法律经济学和管制经济学都把自己的现代起源追溯到科斯,原因大概就在这里。

因此,在没有谈判成本或者交易成本的情况下,产权的分配是不重要的(例如,在这种情况下,交易在市场发生还是在企业里发生,对效率没有影响),要紧的只是产权的界定(因为产权界定是市场交易的基本前提)。而在谈判复杂、困难、成本较高的情况下,产权分配就是重要的了(对效率有影响了),而且,进行产权分配的制度和手段选择也跟着重要了。有人认为,通行的科斯定理只是理论上的推理的基准,其重要性在于帮助我们认识是什么因素使得产权分配重要[②],从产权理论的演进逻辑看,这个理解是正确、深刻的。

因此,认为科斯定理完全否定公有制和国家对经济生活的任何干预[③],恐怕是不符合科斯的本意,也疏忽了科斯定理中隐含的内容的。认为科斯定理所讲的效率与我们追求的劳动生产率不同,因此就断定它不适合我国国情,不能在我国应用[④],恐怕是对科斯定理的倒退,也是对改革实践的倒退。中国的经济改革,不光要劳动效率,而且要设备、土地、资金等其他一切要素的利用效率,还要所有经济资源(包括经济活动)的配置效率;不是不要科斯定理,而是光要科斯定理不够!

注　释

①　这个理论是在认识到完全竞争的市场交易理论不能解释许多经济现象（如权力、权利、企业等）的情况下发展起来的。它大量利用了后者的研究成果和分析方法，是对后者的修正、丰富和替代。

②　米尔格罗姆和罗伯茨似乎只谈到前面三点（Milgrom and Roberts, 1992, Chap.5），而哈特则在不同的场合分别强调前三点和第四点（Hart, 1995a; Hart and Moore, 1988）。这些都是假设，只要逻辑一致，简约就行。

③　参见罗伯特·考特和托马斯·尤伦：《法和经济学》，张军等译，上海：上海三联书店，1991年。

④　这是一个很强的假定，但在完全合同和不完全合同文献中都这样使用。

⑤　参见 Maskin, Eric and Jean Tirole（June 17, 1996），"Unforeseen Contingencies, Property Rights, and Incomplete Contracts", mimeo, *Intertional Conference on Theory of the Firm and China's Economic Reform*, Beijing.

⑥　同注⑤。

⑦　"许成钢介绍现代厂商理论权威的争论"，《经济社会体制比较》，1996年6月，北京。需要补充的一点是，对不完全合同发生原因的不同看法，也影响对套牢问题与产权的看法。

⑧　下面将说明，产权不仅在这种情况下是重要的。

⑨　下面将提到，解决套牢问题还有其他办法。

⑩　参见 Joskow, Paul, 1985, "Vertical Integration and Long-Term Contracts: The Case of Coal-Burning Electric Generating Plants", *Journal of Law, Economics, and Organization*, 1（Spring），33-80。转引自 Milgrom, P. and Roberts, J., 1992, *Economics, Organization and Management*, Englewood Cliffs, NJ: Prentice-Hall.

⑪　参见 Klein, Benjamin, Robert Crawford, and Armen Alchian, 1978, "Vertical Integration, Appropriable Rents, and the Competitive Contracting Process", *Journal of Law and Economics*, 21, 297—326。

⑫　这个模型的思想较早是威廉姆森提出的，后来由格罗斯曼与哈特（Grossman and Hart, 1986）、哈特与莫尔（Hart and Moore, 1990）作了正式的表述。这里的公式引自哈特（Hart, 1995）。

⑬　马斯金和梯若尔（Maskin and Tirole）对此提出了挑战。他们本着产权文献的精神，不依赖或有条件和行动，只是增加了相互持有的关于资产价值的信息的揭示和宣布，而设计了一种能达到完全合同结果的合同。但是，他们

并不想以此否定产权文献的见解和关于所有权结构的一些结论。他们的目的是要指出,现在的不完全合同方法,还不能很好地解释直接所有权(straight ownership)。

⑭ 产权不仅在套牢情况下才重要。只要经济中存在事后的低效率,产权配置就能对它产生影响。

⑮ 可供选择的所有权合同还有很多形式,如随机的合同和有选择权的合同等。

⑯ 转引自南岭:《现代公司成长·权利结构与制衡》,第49页,北京:中国经济出版社,1994年。

⑰ 《新帕尔格雷夫经济学大辞典》,中译本,第3卷,第1101页,北京:中国经济科学出版社,1992年。在同一词条中,阿尔钦还定义:"属于个人的产权即为私有产权,它可以转让——以换取对其他物品同样的权利。"

⑱ E.G.菲吕博腾和 S.配杰威齐:《产权与经济理论:近期文献的一个综述》,转引自《财产权利与制度变迁》,上海:上海三联书店、上海人民出版社,1994年。

⑲ 高鸿业、吴易风、杨德明:《中国经济体制改革和西方经济学研究》,第4页,北京:中国经济出版社,1996年。

⑳ 这里说的有效所有权,指的是界定清晰、可交易、有保障的所有权,而不是指各种界定不清或残缺不全的所有权。

㉑ 参见本书第一章第二节。

㉒ 同注②。

㉓ 同注②。

㉔ 按新古典经济学,这好决策指效用最大化决策,按西蒙的观点,则指令人满意的合理决策。

㉕ 这里还不考虑寻租等其他交易成本和带来的扭曲。

㉖ 这个名称来自 Hardin, G., 1968,"The Tragedy of the Commons", Science 162:1243–1248。

㉗ 假设捕捞工作量与捕捞量呈线性关系。

㉘ 如纯私人产品和纯公共产品,偏好确定而且显示,无税收扭曲等。

㉙ 以上可参见张维迎(1996a),平新乔(1994),Cornes(1986)。

㉚ 有效性原理:如果人们能够无成本地共同谈判,能够有效率地执行和实施他们的决策,那么经济活动的结果就将是有效率的,至少对谈判各方是如此。

㉛ 科斯:《"社会成本问题"的注释》,文载《制度、制度变迁与经济绩效》,上海:上海三联书店,1995年。

㉜　张五常经常说到这一点。参见张五常:《卖桔者言》,香港:信报有限公司,1984年。

㉝　参见科斯在接受诺贝尔经济学奖时的演说词。

㉞　参见高鸿业等:《中国经济体制改革和西方经济学研究》中的"科斯定理与我国所有制改革"部分,北京:中国经济出版社,1996年。

㉟　参见本书第二章第4节第二部分。

㊱　同注㉞。

㊲　参见许成钢:"中译本序三",载O.哈特:《企业、合同与财务结构》,上海:上海三联书店、上海人民出版社,1998年。

㊳　同注㉞。

㊴　同注㉞。

第三章　产权与企业基本问题

本章用不完全合同与产权的观点和方法,分析和回答企业的基本问题——企业的性质与边界的决定问题,和现代公司的基本问题——两权分离和内部人控制的起因和治理问题。

本章安排如下,第 1 节讨论企业的性质,同时考虑非人力资本的特点和作用。第 2 节讨论企业边界的确定,同时考虑兼并的根据和原则。第 3 节讨论两权分离和内部人控制现象、原因和问题。第 4 节讨论公司治理的概念与经营者的代理职责即对股东还是对相关利益者尽职的问题。第 5 节讨论和比较各种公司治理机制,考察它们各自的机理和长短。

1.企业性质:资产所有权和劳动合同

本节一方面是上一章的延续,因为它要回答剩余控制权究竟是控制什么,或者说,所有者究竟拥有什么的问题。另一方面,它又是上一章的开始,因为它要回答什么是企业、企业的性质和作用是什么的问题。由于这两个问题难分难解地纠缠在一起,所以一并放在这里讨论。

对这些问题的研究,涉及阿尔钦对科斯的一个诘难[①],从而,也就涉及了人力资本和劳动雇佣合同的特性及它们与资产控制权的关系问题。因此,下面就依次来讨论它们。

人力资本与非人力资产

人力资本是一个人拥有的从事具有经济价值的活动的能力、知识和技能。它主要靠学习、训练和经历来获取和积累,因此,是区别原始劳动力和熟练劳动力的主要因素,也是决定劳动生产率的一个主要因素。[②]

人力资本可以分为专用性和通用性(或者非专用性)两类。前者指只对特定企业才具有价值的技能和知识,例如,对于某一特定企业的专用机器、特有决策程序、特别会计处理以及客户特殊需求的专门知识。后者指通用于各种不同企业,能够一般地用于非人力资产的技能和知识,如对于生产、营销、财务的常识性或通用性了解和把握。一种特别的专用性人力资产是共专用性人力资本。它指人们在共同工作中形成的相互专用的知识,如彼此熟悉对方的习惯、语言和长短。

一般来说,企业更愿意投资专用性而非通用性人力资本,因为这样会增加雇员对本企业的价值,而不增加他们对其他企业的价值,而企业之所以这样看问题,则是因为它们知道,这种投资只有与它所专用的非人力资产相结合,才能产生更高的生产率和更高的收益。离开与它互补的非人力资产,这种人力资产就会贬值,所以,只要控制了前者,也就"拴住"了后者,并在事后盈余分配的谈判中处于比较有利的地位。相反,雇员更愿意投资于通用性而非专用性人力资产,因为这样可以增加他们的生产率、流动性和市场价格。当然,如果他们希望,而且也相信他们能长期受雇于某个企业,特别是,如果他们相信能获得投资收益中值得投资的一部分,那么他们就也会进行这种投资。很明显,如果他们能分享或得到非人力资产控制权,那么他们的人力资本投资激励就会大大增加,因为他们对获取事后盈利有了牢靠的保证。

人力资本区别于非人力资本的一个重要的产权特性,是它的所有权只能属于作为它的载体的那个人。这也就是说,一个人的技能和知识是只能由他(她)自己拥有的资产。在禁绝奴隶制的社会里,谁也没有权力买卖、转让人力资本。③

人力资本以外的一切资产都是非人力资产。它的确切外延,比通常人们想象的要更宽广。那就是,它既包括有形资产,如机器、存货和建筑物,也包括无形资产,如专利、客户名单、档案、现有合同以及企业的名称或声誉。

现代产权观点的企业理论在强调合同不完全的同时,十分强调非人力资本的作用。其强调前者,是为了说明剩余控制权的根源。其强调后者,是为了说明控制的对象和范围。两者合在一起,才构成完整的能够解释企业性质和边界的产权分析框架。

他们认为,能够将企业要素"粘结""凝聚""联结"在一起的东西,就是企业的非人力资本。没有它们,就说不清雇佣关系,因为雇用一个人,实际上就是让他与非人力资产结合,反之,解雇一个人,实际上就是令他与非人力资产分离。即使在人力资本是价值主要来源的企业中,非人力资产的这种作用依然存在。

那么,为什么人力资本就不能起这种作用呢？生产离不开非人力资本,可同样也离不开人力资本。况且,前者还需要后者控制和操作。从产权特征方面考虑这个问题,非人力资产是可以由别人控制的,它的控制权是可以转让、买卖的,而人力资本是不能由别人直接控制的,它的直接控制权是不可以转让和买卖的。这样,一方面,如果由人力资本作"黏合剂",那么,就不存在对它的控制权的界定和分配问题。换言之,离开了非人力资本,控制权的界定、配置,以及权力和权威的实施和对象,便都失去了意义。另一方面,在人力资本与非人力资本结合的过程中,按照对非人力资本的产权关系,人力资本的所有者可以分为两类:一类同时成为非人力资本的所有者,另一类则成为它们的非所有者,他们要使用非人力资本,必须得到前者的同意,并为此而不得不服从前者。可见,在这种情况下,是非人力资本吸引连接人力资本,而不是相反。

回答阿尔钦对科斯的一个诘难

罗纳德·科斯在他1937年具有开创性的论文《企业的性质》中指出,企业的显著特征是通过比市场更优越的权威和权力来解决问题,即雇主可以命令、指使雇员做什么,而一个独立的签约人却必须用收买(bribe)来使另一个独立签约人做他所希望他做的事情。④但是,阿尔钦和德姆塞茨对此提出了一个被称作阿尔钦之谜的诘难。他们指出,雇主一般不能强迫雇员去做他所希望的事,但他可以在后者拒绝这样做时解雇他。而这与一个独立的签约人(如顾客)让另一个独立的签约人(如食品商)做他想的事,并在不满意时解雇后者(不再去该食品商处购买)没有什么不同。⑤这个诘难的实质是,这两种合同,或者说,企业与市场的性质,究竟有什么根本的不同?企业是否具有市场所没有的权力?这种权力的基础是什么?也就是说,为什么雇员会唯命是从(不然他就辞职而去了),而独立签约人却(可能)不会(不然他也进入企业了)。

在弄清非人力资产的作用以后,就不难理解这两种情况的区别了。在前一种情况中,如果关系中断,雇主就将带走全部的非人力资产,换言之,雇主可以单独解雇他的雇员;而在后一种情形中,每一个独立签约人只带走部分非人力资产,换个角度看,就是一方必须把另一方同他的资产一起解雇。这一区别给了雇主影响别人的力量。如果非人力资本所有者可以不让人力资本所有者利用使后者具有生产力所必需的资产,那么后者就会比在他自己带有这些资产时,更可能去做前者希望他做的事情。这也就是上面说过的,对于非人力资产的控制,将导致对于人力资产的控制。这些,就是现代产权观点的企业理论对于阿尔钦诘难的回答。桑福德·格罗斯曼和奥利弗·哈特在他们合作的那篇可称为现代产权观点的企业理论的奠基作的论文中[6],举出制鞋业中外包与工场制度、保险业中直接保险商与非直接保险商的不同例子,对这种区别作了具体说明。

如上所述,对这个诘难的回答,其实就是对企业性质和权力基础的回答。但是,直接把企业定义为由它所拥有的资产组成[7],似乎不如把企业定义为统一所有权(剩余控制权)下的资产或对于资产的统一所有权更好一些,尽管这里的拥有与所有、剩余控制权和产权是等价的,但强调一下统一,似乎更能显示剩余控制权的作用和企业的作用与性质,剩余控制权的作用范围和企业的边界的关系,以及企业的制度本质。这个定义,同时也说明了企业权力的基础是对于资产从而行动的剩余控制权。诚如上一章第1、2节所阐明的,企业代替市场,或者说,企业能节约交易成本的原因,制度根据和机制就在这里。

劳动合同的性质

在前面的讨论中,作为企业非人力资本的所有者即通常所说的雇主,并不需要告诉作为非所有者的雇员应该做些什么,雇员自己会采取他们应该采取的行动。但实际情况却正好相反。因此,我们现在需要把对资产的剩余控制权的分析,扩展到对行动的剩余控制权的分析,以说明劳动雇佣合同的性质及其与发包-承包合同的区别。

与新古典的现货市场(spot market)劳动供求与工资决定理论不同,实际的劳动雇佣合同是一种不完全的、隐性的,并且赋予雇主重要权力的长期关系合同。

通常的发包-承包合同,都把工作规定得相当详细,而且承包人对一般未明确规定的行动拥有许多剩余控制权。与此相对照,劳动雇佣的典型特征是,它只构造了关系框架,确定了主要目标,而对工作的具体细节、未来的报酬、冲突的处理办法等,则事先很少有规定,在合理的范围内,雇员使用其脑力和体力进行雇主要求他们从事的任务。也就是说,这种合同是不完全的关系合同。[8]按这种合同,雇主拥有行动的许多剩余控制权,即能够命令雇员做合同条款或法律没有明确禁止的事情。雇员如果不愿服从,可以也只可以辞职。

劳动合同的这种特性,也是为了减少交易成本而作出的产权配置(制度安排、机制设计)的反映。第一,企业作为一个合同的网结,涉及众多要素所有者的双边合同。让企业与每个人(共 N 人)的合同(N个)代替他们之间的合同($N(N-1)/2$),不仅有利于大大节省信息和合同费用[9],而且,也有利于形成层级制的组织结构(Williamson, 1975)。第二,在这些合同中,将行动的剩余控制权交给某一方是合适的。这里的道理,上一章第1、2节已经说明,所需补充的只是,由此节省的成本,将大大超过相机决策者的机会主义行为带来的损失。第三,由非人力资产所有者拥有这种权利通常是有效率的。这除了上面述及的原因以外,非人力资本更能也更多承担风险,更能也更多为承诺作出担保[10],也常被认为是一些重要的原因。不过,如果强调前面的原因,那么不论什么情况,行动的剩余控制权都应该是非人力资本所有者的。而如果强调后面的原因,那么,这权利就该根据谁承担的风险多和作出的承诺可信而定,也就是说,仅仅是人力资本的所有者,也可以并且应该在一定的情况下拥有行动的剩余控制权,尽管这种情况十分罕见。由于在绝大多数情况下,这两者并不矛盾,所以,虽然前者是根本原因,但提一下后者也不失为一种补充。

既然这样安排的劳动合同符合缔约人的利益,那么在一般情况下,他们就会自我执行。各方得自这个合同的租金流(如工人得到更多的奖金,雇主得到专用性人力资本及其产生的租金),为他们履行合同提供了激励,相互沟通和观察的便利,为他们监督合同的执行节省了成本,所以,这种隐性合同通常会长久维持。当然,这里并不排除各方会有机会主义行为,也不排除有些纠纷要靠法院或仲裁解决,但它们毕竟不是经常性的情况。

由上面所述来看,从一个角度说企业是人力资本与非人力资产(所有者)的特别(不完全)契约,也未尝不可,但是,同上面的企业定义相比,它总有不彻底、不全面之嫌。因为,第一,这种合同,是关于非人力资产的合同的派生和依附。第二,它反映了科斯、张五常说到的那些成本节约[11],但却不能反映威廉姆森、哈特说的那些成本节约。此外,把合同不完全的原因归结为人力资本的特性,是不正确的,也是自我矛盾的。把企业的关键归结为激励,也是不妥当的,因为这样无法澄清企业与市场的区别与界限。[12]

对声誉观点的讨论

对于本章讨论的问题,克雷普斯提出了一个声誉观点的企业理论进行解释(Kreps,1990a)。他认为,企业中的交换是通过不完全合同进行的,因此必须有一种有效而公正的方法以决定出现未曾预料的或有情况时人们该如何行动。企业作为一种层级结构,就是用来适应未预见情形的。在这种结构中,与企业缔约的雇员承认企业有权规定雇员在哪些情况下如何行事的权力。这与科斯归纳的雇佣关系特征是完全一样的。克雷普斯的创新之处在于,他提出,雇员之所以会认可这种权力,是因为他们相信,企业不会滥用这种权力向雇员提出不合情理的要求。

那么,为什么企业不会滥用权力呢?克雷普斯的解释认为,那是为了建立和维护一个好的声誉,以便利未来的交易(比如,未来招募雇员的成本会因为当前企业的不合理行为而提高,反之则反是)。好名声的价值是随着它被使用的次数而增加的(租金流增大),因此,视界(horizon)长远的企业会比生命有限的雇员有更强的动机建立和维持一个好名声以更好地利用权力。因此,剩余决策权就应该给予合同关系中具有较长视界的企业。

这样,在克雷普斯看来,企业就是"一种声誉的载体"。尽管声誉是无形的,但只要代表企业进行决策的个人对保持企业声誉有切身利益(例如企业所有者希望维系声誉以使资产价值最大化),那么企业就可能充当声誉的载体。而企业声誉的特定内涵,是它将依据一种"公司文化"即使得层级结构中的下属事先知道其组织会怎样对付各种情况的发生的原则来实施控制权。由于那些地位可影响企业声誉的人,如果能够出售他们对好企业声誉带来的租金流的权益,那么他们就有动力建立和保护这种声誉,所以,剩余决策权和租金所有权都应该交给那些能最有效地以全部价值让渡其索取权的人。显然,在大部分情况下,这种人就是企业的投资者。这就是意外事件中有权决策者一般是实物资本提供者而不是劳动力的提供者的原因。

克雷普斯的这个理论在几个方面是值得讨论的:第一,他强调对雇员行为而不是实物资产的剩余控制权是所有权的关键特征,并认为声誉可以代替实物资产构成企业实体,但却没有能说明声誉、实物资产对于它们的所有权各自的含义及它们的关系。第二,他碰到了来自霍姆斯特罗姆与梯若尔的挑战:在任何正式的博弈理论模型中,只要存在企业充当声誉载体的一种均衡,就同样也会存在其他不存在声誉的可行的均衡(Holmstrom and Tirole, 1989)。第三,怎样用声誉来刻画企业,声誉发生变化,是否意味企业的性质或边界(克雷普斯认为,规模扩大会增加企业文化的建立和运行成本,从而限制企业无限扩大)发生了变化,企业各部门各单位出现不同的声誉,是否就意味着企业发生了分立,等等,都是还有待于进一步弄清楚的。最后,如果把声誉看作前面说到的无形非人力资产,是否就能将它兼容进现代产权观点的企业理论呢？哈特在他1988年的论文中,对此是作肯定回答的(Hart,1988)。但他在1995年的专著中,则对搁置声誉作了这样的解释:在最佳情况下,企业是不重要的,因为在任何组织形式下,最佳总是可以维持的。因此,为发展企业理论,就必须分析最佳不能得到保证的情况,即声誉的力量没有强大到足以消除所有机会主义问题的情况(实际并不能消除)(Hart,1995a)。显然,哈特一方面肯定了产权观点的广泛兼容性,另一方面又指出了企业存在的真谛和研究企业理论的正确途径和方法。如果市场(竞争)能解决一切问题,还要企业干什么？这是很值得对企业感兴趣的人们细细品味的。

2. 兼并、企业边界和产权

生产的技术规模不等于企业的制度边界

我们现在鼓励企业兼并。按英国《大不列颠百科全书》的定义,兼并就是"两家或更多的独立企业合并组成一家企业。通常,总是由一家占优势的企业吸收一家或一家以上的企业"。[13]虽然我国已有学者(如芮明杰教授)不无道理地指出,从经济的特别是法律的关系看,合并和兼并是有差别的,因而对这个定义的准确性提出疑义。[14]但出于现在的目标,这里仍想差强人意地把合并看作新企业对原企业的兼并,而暂将两者混为一谈。同时,出于相同的考虑,这里也不想对兼并是属于横向、纵向还是集团的形式,是采取购买还是划拨的方法作出区分。显然,这样做的一个好处是,可以使我们在广泛适用的基础上集中概括地讨论企业资产产权配置这一兼并和企业边界决定的根本问题。

企业兼并有诸多动因和作用。这里涉及的只是其中很基本很重要的一条,即这样可以扩大企业生产规模和经营多样性,取得规模经济和范围经济的效益,降低成本,提高市场竞争能力,实现稳定的或高额的利润。在过去的大约一百多年的时间里发展起来的新古典经济理论,从技术角度对此作了说明:在生产函数、投入和产出的竞争市场价格给定的情况下,企业经营者按利润最大化即成本最小化的原则对投入和产出水平作出选择。由于生产中有一些固定成本独立于产出水平,所以,在可变成本随着产出增加而提高时,平均成本会出现下降的趋势。但是,到了某一点之后,因为有些投入如经营能力很难随着企业的规模改变,所以企业的平均成本又会开始上升。对于单一产品的企业来说,如果

$$\sum_{i=1}^{n} C(q_i) > C(\sum_{i=1}^{n} q_i)$$

式中的 q_i 表示不同的产出水平,$C(\ )$ 表示成本函数,左边表示由几个企业生产,右边表示由一个企业生产。那我们就可以说,这里存在规模效益,即相同的产出分在几个小企业生产的成本要大于只在一家大企业生产的成本,因此,应该组织一个较大而不是若干较小规模的企业来进行生产。同样,对于生产多种产品的企业来说,如果

$$\sum_{i=1}^{n} C(q^i) > C(\sum_{i=1}^{n} q^i)$$

式中的向量 $q = (q^1, \cdots, q^n)$ 表示生产计划,$q^1, \cdots, q^n$ 表示 n 个这样的向量,其他与上式一样。那我们就可以说,这里存在规模经济和范围经济效益,即这些产品分开在几家企业生产的成本要大于集中在一家企业中生产的成本,因此,应该组织一家大规模的多品种企业而不是几家小规模的单品种企业来进行生产。

从积极方面来讲,这个理论在一般意义上强调技术的作用,在特定意义上强调规模收益对企业规模的决定作用,这无疑是正确的(Chandler,1990,pp.26—28)。但后来的经济学家对它却提出了责难。例如,

梯若尔就曾指出(Tirole,1988),第一,为什么规模经济效益一定要在企业内才能获得呢?为什么我们就不能通过法律上相互独立的企业实体之间的合同来组织规模生产,获取规模效益呢?一家企业同时服务于几个市场,与几家企业分别服务于这些市场,然后通过合同按适当的价格转移产品,如果只考虑技术因素,结果应该是一样的。同样,把一家大企业分成几家小企业,同时把原来为大企业服务的修理车间独立为一家实体企业,让它通过合同联系为这几家小企业服务,如果不考虑其他因素,结果也应该是一样的。第二,我们凭什么一定说平均成本在产量大到一定的时候就会上升呢?如果生产 q_1+q_2 产量的成本大于分开生产 q_1 与 q_2 的成本总和,那么,假设一家企业想要生产 q_1+q_2 的话,它也可以建立两个独立的部门如两个分公司或两个分厂来进行运作。这样,它的生产技术就不会出现规模不经济。因此,仅用技术,仅用规模效益来说明企业规模大小(确切说是企业的边界)是有困难的。

可见,企业兼并的实质,不是技术规模,而是制度边界的决定这样一个基本问题。解决这个问题,单靠传统的规模和范围经济理论是不够的,因为它们既可适用于世界上只有一家巨大企业,每一家现有企业都是它的一个部门的情形,也可适用于每一家现有企业的每一个工厂和部门都成为独立企业的情形。显然,要区分这两种可能性,就必须引入传统理论中所没有的其他因素。这一因素既要能解释企业是如何降低交易成本的,又要能解释企业为何不能无限扩大。从上文的分析,我们可以知道,它就是资产产权配置产生的收益和成本,而且,回顾科斯以来的企业理论,能对企业边界作出形式化分析的,最为成熟的也就是现代产权观点的企业理论了。

现代产权观点的企业理论是通过分析产权分配的效应来说明企业是否该合并,如果合并,该谁合并谁,也就是说,产权[15]分配给谁是最有效的问题的。而确定了统一产权控制的资产范围,实际也就是确定了企业的边界所在。用克雷普斯的话说,他们所做的企业一体化的产权分析,代表了"研究的正确方向"(Kreps,1990a)。

兼并的产权激励效应

设想企业 A(如铁厂)兼并企业 B(如矿山)。那么这里发生的最根本的变化就是企业 A 得到了企业 B 的包括机器、厂房、库存、土地、客户名单、专利等所有有形或无形的非人力的资产,取得了决定这些资产如何使用和排除别人使用这些资产的权利。

产权是权力的来源。在这种情况下,产权的重要性就在于,它解决了谁有权对合同中未涉及的方面作出决策(不能与先前的合约、惯例或法律相违背)。因此,如果 A、B 企业是独立的,那么,它们就有权决定各自的生产程序、工作进度、产品价格等。如果 A 企业兼并了 B 企业,那么 A 企业就可以作出上述所有的决定。当然,反之亦然。

现在,可以来看看兼并引起的产权激励效应。为了方便起见,这里把焦点放在专有关系投资中的扭曲上。假定 A、B 企业最初签有一份合同,要求 B 企业每天供应 A 企业一定数量的矿石。设想现在对铁的需求量上升,从而 A 企业要求追加矿石的供应量。再假定最初的合同因难以预测而未对这种可能性作规定,如果 B 企业是独立的,那么 A 企业就必须获得它的同意才能增加供应量。这也就是说,在合同的任何重新协商中的现状点(the status quo point)都是 B 企业不提供额外的矿石。A 企业无权进入 B 企业的工厂调整生产线以供应额外的矿石。只有作为所有者的 B 企业才拥有这一剩余控制权。反过来,如果 B 企业被 A 企业兼并,那情况就不同了。这时,如果 B 企业的经营人员拒绝供应额外的矿石,那么 A 企业就有权解雇这些人员并雇用其他人来管理工厂以供应额外的矿石。因此,随着所有权的变化,合同重新协商中的现状点也跟着发生了变化。更具体地说,如果 B 企业是独立的,那么它的经营人员就可以以合同未规定增加供应量而拒绝使用其资产和劳动力;相反,如果 B 企业属于 A 企业,那么它的经营人员充其量只能依靠拒绝提供劳动力来威胁,但这是脆弱的。

然而,不论合同重新协商中的现状点可能取决于哪家企业,只要额外的矿石带给 A 企业的收益大于 B 企业供应它们的成本,那么我们就可以预期双方会达成供应矿石的协议,不同的只是两种情况下的盈余分配。如果它们是独立的,那么,A 企业就可能不得不向 B 企业支付一大笔款项以促使它供应额外的矿石。相反,如果 A 企业兼并了 B 企业,那么它就能够以低得多的成本强制地得到额外的供应。因为这时后者的经营人员的讨价还价及威胁的能力都大为降低。

预料到这样的盈余分配方式,A 企业在兼并后就会增加它的专加工 B 企业的矿石的投资,因为它凭借所有权可以直接管理后者,所以它就不怕后者的经营人员会占有过多的盈余。但是,B 企业的激励却恰好相反。一般来讲,如果它是一家独立的企业,那么它的经营人员就会比较愿意努力节约成本和加强管理,因为他们比较有可能得到这些活动的收益。但如果它被 A 企业兼并,那么它的经营人员就将面临他们努力的结果被部分(甚至全部)剥夺,因为 A 企业可以拒绝他们利用为实施这些努力所必需的资产。

因此,兼并或者说所有权结构变化的经济影响是双重的。一方面,它带来收益,那就是,兼并企业进行专有关系投资的积极性提高,因为它获得了更多的剩余控制权,从而能够得到这种投资所创造的事后盈余的更大部分。另一方面,它又带来了成本,那就是被兼并企业进行专有关系投资的积极性下降,因为它所拥有的剩余控制权减少,从而获得由其自身投资所创造的增量事后盈余的份额会有所下降。在此附带要说明一句的是,所有权变化不仅对高层经营人员,而且对工人的积极性也有影响。

兼并有利也有弊。因此,究竟要不要兼并,如果要兼并的话,由谁来兼并谁更好一些的问题,就可以归结为不同所有权或者说产权结构最终带来的总盈余哪一个更大的问题。

一体化的产权分析

现在来证明什么样的资产关系的企业该一体化,什么样的不该一体化。根据哈特等人的研究[16],这里的结论是:(命题1)如果资产a1(企业A的)和资产a2(企业B的)互为独立,那么它们不一体化就是最佳的。反之,(命题2)如果它们严格互补,那么,它们就应该实行一体化。

沿用上一章第2节的假定、符号和条件,首先,对资产关系界定和解释如下:

命题1 如果 $r'(i;a1,a2) \equiv r'(i;a1)$ 和 $c'(e;a1,a2) \equiv c'(e;a2)$,那么资产 a1 和 a2 就是相互独立的。

这就是说,如果 M1(如铁厂主)投资(如提高炼铁技术)的边际收益,在他已经获得 a1(如炼铁设备)的条件下,并不能因他再获得 a2(如苹果园)而增加,而且,如果 M2(如苹果园主)投资(如提高防治虫害能力)的边际收益,在他已经获得 a2(如苹果园)的条件下,也不能因再获得 a1(炼铁设备)而增加,那么,a1 和 a2 就是互为独立的资产。

命题2 如果 $r'(i;a1) \equiv r'(i;\phi)$ 或者 $c'(e;a2) \equiv c'(e;\phi)$,那么资产 a1 和 a2 就是严格互补的。

这就是说,如果 M1(如铁厂主)单独获得 a1(如冶炼精细铁矿石的设备),他投资(如学习处理精细矿石的技术)的边际收益不受影响,换言之,即 M1 也需要 a2(如分拣精细矿石的设备),或者,如果 M2(如铁矿主)单独获得 a2,他投资(如提高分拣精细铁矿石的技术)的边际收益不受影响,换言之,即 M2 也需要 a1,那么,a1 和 a2 就是严格互补的资产。

为了证明方便,把式(2.7)和式(2.8)表示的纳什均衡条件具体化成以下三种所有权结构的条件:

非合并型即 M1 拥有 a1,M2 拥有 a2 结构的均衡条件为

$$½ R'(i_0) + ½ r'(i_0;a1) = 1 \quad (3.1)$$
$$½ |C'(e_0)| + ½ |c'(e_0;a2)| = 1 \quad (3.2)$$

这里的下标 0 表示非合并状态。

一类合并型即 M1 拥有 a1 和 a2 结构的均衡条件为

$$½ R'(i_1) + ½ r'(i_1;a1,a2) = 1 \quad (3.3)$$
$$½ |C'(e_1)| + ½ |c'(e_1;\phi)| = 1 \quad (3.4)$$

这里的下标 1 表示一类合并。

二类合并型即 M2 拥有 a1 和 a2 结构的均衡条件为

$$½ R'(i_2) + ½ r'(i_2;\phi) = 1 \quad (3.5)$$
$$½ |C'(e_2)| + ½ |c'(e_2;a1,a2)| = 1 \quad (3.6)$$

这里的下标 2 表示二类合并。

最后,命题 1 的证明:根据独立性的定义,式(3.1)和式(3.3)的解是相同的;也就是说,$i_1 = i_0$。但由于 $e_1 \leq e_0$(因为 M2 失去了控制权从而削弱了投资激励),所以非合并状态优于一类合并。同样,式(3.2)和式(3.6)的解是相同的;也就是说,$e_2 = e_0$。但由于 $i_2 \leq i$(因为 M1 失去了控制权从而削弱了投资激励),所以,非合并状态优于二类合并。因此,在资产相互独立的情况下,不一体化比一体化有效。

命题 2 的证明:根据互补性的定义,可以假定 $r'(i;a1) \equiv r'(i;\phi)$(因为没有 a2,有 a1 和没有 a1 一个样)。因此,式(3.1)和式(3.5)的解是相同的;也就是说,$i_0 = i_2$。由于 $e_0 < e_2$(原因同上),所以二类合并优于非合并状态。同样的推理可以证明。如果 $c'(e;a2) \equiv c'(e;\phi)$,那

么一类合并就优于非合并状态。因此,在资产严格互补的情况下,一体化比非一体化有效。

最优所有权结构

不管是一体化还是不一体化,都仍有一个根本的问题还需要解决,那就是,资产由谁拥有,或者,由谁兼并谁更有效率。这就是文献中日益多见的最优所有权结构问题。

那么,什么是最优所有权结构的调整原则呢?

第一,如果 A 方(B 方)的投资决策对所有权结构无弹性(即不敏感),而 B 方(A 方)的投资决策对所有权结构有弹性,那么由 B 方(A 方)拥有资产所有权就是有效的。举例来说,如果一个单位(学校、机关或工厂)要把班车出售给个人,在其他条件都无差别的情况下,应该选择司机还是乘客? 这就是一个司机和乘客谁拥有汽车更有效的最优所有权结构选择问题。它的答案,取决于他们的投资决策对于所有权结构的敏感程度。如果由乘客拥有汽车,他不会增加提高使用和维修汽车能力的投资,因为这些不是要他去作的决策,但司机却会减少这方面的投资,因为在这种产权结构下,由他投资而增加的收益,都会因为乘客拥有汽车而不得不依谈判结果分出一部分(比例可能大可能小,取决于讨价还价能力)。反过来,如果由司机拥有汽车,那么,他就会进行有效率的投资,因为他不必再担心将来有人拿不让他使用汽车作威胁来分享他的收益,而乘客却不会减少他们的投资,因为不管什么情况,他们实际上都不作这些方面的投资。可见,司机的投资决策对所有权结构有弹性,而乘客的投资决策则没有弹性,所以应该让司机而不是乘客拥有汽车。

第二,如果 A 方(B 方)的投资相对具有生产力,B 方(A 方)的投资相对缺乏生产力,并且,如果 A 方(B 方)在拥有双方的资产时,会比他在只拥有自己的资产时,投资的边际收益(边际成本)要高(低),而B方(A方)在拥有双方的资产时,会比他只拥有自己的资产时,投资的边际收益(边际成本)要低(高),那么所有的资产就应该由 A 方(B方)拥有,而不是相反。这也就是说,应该由 A 方(B方)兼并 B 方(A方),而不是相反。举例来说,假设 A、B 是同类的两个企业,它们设备相似,产品相似,市场不景气相似。唯一的不同,是企业 A 通过技术创新刚开发出了一种极有潜在市场的新产品。如果它们要实施一体化(假设由于横向一体化带来的规模经济收益有利于大大提高它们的市场竞争能力,所以一体化比相互独立有效),应当由谁来兼并谁呢?这仍是一个谁拥有资产更有效的最优所有权结构选择问题。它的回答取决于谁的投资更具有相对生产力。如果由 A 方实施兼并,那么,它的比如说开发新产品市场的努力和支出相对是具有生产力的,而且,在这种情况下由它拥有 B 方的设备,它就可以迅速地扩大新产品的市场占有率和大大提高资产收益率。反过来,如果由 B 方实施兼并,那么,它的比如说开发原有产品市场的努力与支出相对就缺乏生产力,而且,在这种情况下由它拥有 A 方的设备,并不能扩大原有产品的市场占有率,反倒会增加资产的使用成本。因此,在这个例子中,应该由 A 方而不应该由 B 方实施兼并,拥有所有权。[17]

第三,如果 A 方(B方)的人力资本是资产运行必不可少的,或者,他们的行动对资产价值是有重大影响的,而 B 方(A方)的人力资本却不是资产运行必不可少的,或者,他们的行动对资产的价值是缺乏影响的,那么,由 A 方(B方)拥有资产就是有效的。上面所举的汽车当由谁拥有的例子,换个角度就能说明这里的道理。如果司机的驾驶和维修技术是汽车行驶所不可或缺的,而乘客又根本没有使用汽车必需的技术,在这种情况下,把所有权配置给司机从而增加他有效使用汽车(包括为此进行的投资)的激励显然是最优的。反之,如果将所有权分配给乘客,那么,虽然汽车实际上仍然能行驶,因为乘客可以去雇一个司机开车。但是,由于这时车不再属于司机,所有他合理使用和维修汽车的精心程度就会大大受到削弱(因为他要承担成本,却不相应获得收益),而得到所有权的乘客却不能直接对汽车的使用和维修产生影响,所以,将所有权配置给乘客是低效率的。[18]

在当前普遍进行的企业改革和重组中,究竟采用什么制度、经营和转型形式:有限股份,股份责任,股份合作,合伙制,租赁、承包、拍卖,合资、联营、控股,等等,究竟怎样调整企业的资产和所有权结构,这里的产权配置原则不无它们的启迪意义。[19]

3.两权分离和内部人控制问题

在前面的分析中,经营者是没有财富约束的,现在开始,我们放松这个假定,考虑经营者向投资者筹措资金的现代企业——股份公司——的基本特征,和由此带来的又一企业基本问题:代理问题或者内部人控制问题,然后运用产权观点来分析它的一些解决办法。

本节安排如下,先讨论两权分离和内部人控制的现象、原因和实质;然后阐述代理问题的不完全合同和产权观点的表述和解释。

两权分离和内部人控制

20世纪30年代初,贝利和米恩斯在他们共著的《现代公司和私有财产》一书中(Berle and Means,1932),提出了这样两个命题:第一,在美国,公司扩大,集中度提高,当时,200家大公司控制了49.5%的公司财产,39%的工商财产,22%的国民财富。第二,公司股权分散,使股东不能对经理实施重要的控制。他们把超过20%投票权的股份定义为重要的股份,把没有重要股份的公司称作经理控制的公司,把控制定义为选举董事会或多数董事的实际权力。按照这些标准,他们把1929年美国最大的200家非金融公司的58%的资产划入经理控制企业的范畴,并因此得出这样一个结论:现代公司的发展,使它们从"受所有者控制"改变为"受经营者控制",在这些公司中,所有权和控制权出现了分离。[20]

导致这个结果的原因在于,现代企业是以大规模生产和销售、复杂的工艺创新和层级管理为技术基础的。以两权分离为特征的公司制度形式,在实物资本和人力资本两个方面保证了这种技术基础作用的发挥和提高。首先,股份制和有限责任制度,为投资者提供了一个有效减少风险的办法,从而使企业迅速、大量地筹措资金成为现实。其次,它为精通业务的支薪经理提供了专门的管理职业,从而使企业能够获得各种训练有素的专门人才。换句话说,一方面,受财富约束的企业家兼经营者为扩大企业规模,不得不寻找各种投资者提供资金(比起自身积累,从金融资本市场融资能使企业以倍数的速度增长);另一方面,进行风险分散的投资的资金拥有者,又不得不寻找各种经营者来管理企业(这或者是他们缺乏有关的知识和技术,或者是他们主要从事的工作太繁忙,以至于他们没有能力或时间与精力来自己管理企业)。因此,两权分离的优点是很明显的,两权分离的趋势是不可避免的。钱德勒在他的著作《看得见的手》一书中,对此作了详细的历史考察(钱德勒,1987)。

导致这个结果的原因还在于,那些拥有公司的股东太小,太分散,由他们直接管理企业,有一个集体决策的成本问题,即为拟定集体选择的规则和实行规则所需的了解情况、作出判断、沟通意见、统一思想、消除分歧等等而花费的时间、精力与费用,和冗长的讨论与议而不决所耽误的时机等的成本。还有一个搭便车的问题:对于众多的小股东来说,由股东监控造成的经营业绩改善是一种人人皆可免费享受的公共物品,可是对于致力于公司监控的任何一个股东来说,他就必须全部承受搜集信息、说服其他股东以及重组企业方面所有有关的成本,可他因此得到的收益,即使成功的话,也只是按他所占的股份比例应得的那一点点,其他股东即使不承担任何成本,也可以按他们的占股份比例得到他们各自的那一份,因此,人人都想坐享其成。在这样的情况下,即使加强监控有利于公司绩效和总剩余的增加,即使社会收益大于社会成本,但只要每个股东在进行私人决策的时候发现其行为的私人收益小于私人成本,他们就不会有激励实施这种行为。

这项研究对股东为控制源头的传统观点似乎是个质疑。本质上,传统的股东主权的公司理论认为,按照谁投资,谁承担风险,谁就控制,谁就受益这一市场经济的黄金规则,股东应当拥有公司资产运作的剩余控制权和剩余索取权。他们为了实现剩余的最大化和尽可能地减少投资的收益风险和团队依赖风险,而实施对于企业资源的剩余控制权。这和企业有效率运行的要求是一致的。因为,企业的利润最大化和价值最大化目标与投资者的效用最大化目标是一致的。另一方面,这个理论隐含地假定,企业的所有其他利益相关者如工人、经理、债权人、供应商和客户,都已经按市场价格获得了他们所提供的服务的合理报酬。他们的关系专用性投资、交易依赖和由此承担的风险被舍象掉了。因此,由于经营失败现在只意味着股东权益的丧失,所以股东也只有股东才应当是公司的控制者。[21]

贝利-米恩斯所谓的所有与管理从而控制相分离的现代公众股份公司情况,是一种典型的内部人控制情况,这里把它称作情况1。另一种典型的内部人控制现象,是转轨经济中发生的最终控制权与企业实际控制权相分离的转制公司情况,这里把它称作情况2。下面,为分析的方便起见,我们按两个稍有不同的标准界定内部人控制企业。第一个标准是,企业经理和(或)工人这样的内部人掌握了企业资产使用的剩余控制权,即法律和合同未作规定的企业资产使用控制权(Grossman and Hart,1986,1990;Hart,1995a)。第二个标准是,这样的内部人不仅掌握了企业资产使用的剩余控制权,而且掌握了企业资产使用的剩余索取权(Milgrom and Roberts,1992),并对这两个标准之间的争论,即标准一是否已经包含了标准二,不予理会。[22]

同时,这里也接受"事实上"的内部人控制与"合法化"的内部人控制的区别。事实上的内部人控制,指的是这样一些情况:在公司制改造以前,内部人掌握了未经正式授权的剩余控制权;在公司制改造以后,内部人虽然事实上掌握了企业的控制权,但却因不持有或者很少持有企业的股份,所以还不是企业法律上的有控制权的所有者。合法化的内部人控制则指这样一些情况:内部人通过正式授权获得大量剩余控制权;或者通过持有企业相当的股份,成为企业合法有控制权的所有者(青木昌彦、钱颖一,1995)。

按照上述两种划分,我们可以把过渡经济中出现的内部人控制企业的类别分成四种:(1)内部人事实上掌握了企业的剩余控制权,比如说,他们可以决定企业的生产、投资和就业水平,但是利润却不归他们。(2)内部人事实上同时掌握了企业的剩余控制权和剩余索取权,比如说,他们不仅可以决定企业的经营活动,而且可以通过种种办法侵蚀剩余,变企业利润为个人收入。(3)内部人合法地获得了企业的剩余控制权,但却没有合法地获得企业的剩余索取权,比如说,他们被正式授予企业控制权,但是利润仍然属于所有者。(4)内部人合法地获得了企业的剩余控制权和剩余索取权,比如说,他们通过低价优惠的股权收购,成为拥有相当股份的企业所有者。各过渡经济国家的改革起点不同,由于"路径依赖",所以内部人控制企业的情况也有所不同。在同一个国家的不同改革时期,由于政府采取的政策不同,所以同一个内部人控制的企业的情况也会不同。换言之,一个内部人控制企业属于哪种类别,很受其所处环境和时期的影响。但不同的类别,大致说来也就是这些。当然,如果再加一个维度,把内部人控制细分为经理人员为主、工人为主和合谋三类,则上述类别还可以进一步扩大。

不能实施的控制权是没有意义的控制权。不合法的控制权是没有保障的控制权。这两者也都是产权残缺的表现,健全的产权应该是事实上的控制权与合法的控制权相统一的产权。问题是,这两权该怎样统一和该统一在谁手里?另一方面,没有剩余控制权的索取权是被动、固定、空洞的索取权,没有剩余索取权的控制权是缺乏激励的控制权,如前面所述,这两者也是产权残缺的表现,健全的产权应该是这两权相统一相匹配的产权。问题也是,这两权该怎样统一,怎样匹配?从产权的角度,可以说,整个过渡经济就是要解决这些问题。

按照青木昌彦的观点(青木昌彦、钱颖一,1995),内部人控制看来是转轨过程所固有的一种潜在可能的现象,是从计划经济制度的遗产中演化而来的。他主要分析了70和80年代中欧和东欧的情况,指出在那里,计划经济制度的停滞,迫使中央计划官员下放权力和计划指标,从而使企业经理获得了不可逆的管理权威。而中央计划经济解体后留下的真空,又使这些已经获得很大控制权的经理们进一步加强了他们的权力。

当然,内部人控制的潜在可能转化为现实的过程在不同经济中是不同的。钱颖一研究了中国的情况。归纳他的看法,中国的内部人控制企业,主要是通过三条途径产生的:一条是政府放权让利,扩大企业经营自主权和利润留成水平;第二条是企业组织转型,建立股份制公司和中外合资合作企业;第三条是自发性或非正式的私有化,借承包为由,实施控制权转移(Qian,1995)。中国的内部人控制企业,具有这样几个不同于其他过渡经济国家的内部人控制企业的特点:(1)没有试图通过大规模的私有化来解决上面说到的两个不统一问题,也就是说,没有试图通过全面的私有化来使事实上的控制权变成合法的控制权，并使掌握剩余控制权的人同时获得剩余索取权。(2)政府通过正式颁发《全民所有制工业企业转换经营机制条例》和《公司法》这样的法律法规，明确授予全民所有制企业经理人员包括生产经营决策权、定价权、产品销售权、物资采购权、进出口权、投资决策权、留用资金支配权、资产处置权、联营及兼并权、劳动用工权、人事管理权、工资奖金分配权等在内的多项控制权，和改制后的有限责任公司和股份有限公司经理人员有限制的剩余控制权。(3)企业经理人员事实上和法律上都得到了许多使用企业资产的有效控制权和合约控制权。尽管两者还不完全一致，即事实上的控制权有时多于、有时又少于合法的控制权，但是，他们在事实上或在法律上获得的剩余索取权却并不多。企业利润依法应当归属于出资的所有者，而最主要的所有者仍是由中央政府行使最终控制权和索取权的国家，尽管内部人和地方政府(官员)有可能利用各种机会来扩大留给企业和地方的利润水平。(4)政企分开，即政府不再直接控制企业，并承担相应的责任；政资分开，即在制度和机构等方面分离政府作为资产所有者的职能与作为经济活动管制者的职能，成为降低政府直接管理企业所造成的行政成本；达到下放政府控制权目标的主要实施措施。由此形成的国有资产管理体系，采取了中央政府统一所有，地方政府分级监管，和企业独立经营的模式。这三个角色之间的控制权配置和利益分配能否找到有效的协调方式，成为进一步改革绕不开的一个难点。(5)政府作为最终控制者，保留或授权行使对于企业主要经营者和产权代表的任免权和重大经营事项的决策权。通过授权，一方面减少了行政成本，同时增加了经营者激励，但另一方面，也使被授权者因为担心授权有可能调整或收回而扭曲追求企业价值最大化的行为，甚至损害、侵占本当属于所有者的权益，这也就是说，增加了代理成本和经营者激励问题。为了平衡这两个方面，公司制改造和公司治理机制的建立势在必行。

出现内部人控制的根本原因,在于降低企业经营活动的行政管理成本,即行政协调成本和行政激励成本。传统的中央集权计划经济,可以看作行政管理经济的典型形式。正如国内外很多经济学家指出过的,作为资源配置机制,由于信息问题和激励问题(Hayek,1984;吴敬琏,1993),它的运作成本要大大高于市场机制,而且会产生低效率;作为经济组织形式,则科斯以来的许多交易成本经济学家已从不同的角度阐明,企业能够和应该替代和补充市场,但不能够也不应该完全替代和取消市场,这也就是说,企业边界决不能扩大到把整个经济都囊括在内。因此,计划经济必须向市场经济转换,资源的计划配置形式,将由市场和企业这两种配置形式的配合来代替。

政府机构掌握企业资产使用控制权,直接决定企业生产的品种、数量、价格,决定企业的供产销人财物,决定企业的简单和扩大再生产,决定企业的关停并转。其所带来的行政管理成本,至少有这样几个方面:第一,政府的社会目标进入甚至替代企业的商业目标,使得企业无法追求最大利润或最大价值,因而变得低效率。同时,绩效差的企业常常以此来作为它们经营不善的借口,而经营良好的企业却不能为此获得相应的补偿。第二,政府依赖行政层级管理经济和企业,由于众多的管理部门分工严格,多级的委托代理层层相嵌,由于它们之间不可避免地存在着信息不对称、利益不一致和权力不匹配,由于信息搜集、传递、处理、反馈过程中和决策形成、贯彻、实施过程中不可避免地存在着失真、扭曲、拥挤、延误与机会主义行为,由于政府官员本身存在的激励(动力)问题和官僚主义,以及激励内部人的种种困难,所以政府有着很高的协调、监督、控制和驱动企业的成本,而企业的经营权和积极性则受到削弱和挫伤。第三,预算约束软化,政府承担风险,缺乏退出机制,企业躺在政府怀里,领受不到亏损和破产的压力,因而没有提高市场竞争能力的创新动力。减少这些成本的唯一办法,是向市场经济过渡,与此相适应,或者说,作为条件和结果,控制权将以不同的方式,从政府向内部人转移,以便发挥内部人在信息占有和管理经验方面的比较优势,调动他们的商业经营积极性,以使企业成为能对市场信号作出敏感反应的、自主经营、自负盈亏的独立实体。

这种过渡的结果,已有不少人指出,一方面,国有企业的产出和总要素生产率有不同程度的持续提高[23],另一方面,资本收益率一直在下降,而职工人均工资与奖金却一直在增长[24],亏损面也在扩大[25]。这些情况表明,产权调整确实降低了行政管理成本,但同时又带来了内部人控制下的代理成本。虽然,降低前者的任务还远未完成,但我们现在必须同时考虑降低后者的要求。

代理成本和内部人控制问题

内部人控制现象,并不就是内部人控制问题。从理论上说,内部人控制企业,也并不像有的文章所断言的那样,直接就能无条件地产生内部人控制问题。因此,需要在前面的基础上,进一步讨论这样三个问题:(1)内部人控制问题产生的原因和条件;(2)内部人控制问题的表现和实质;(3)内部人控制问题在当前环境下的特点和影响。一般认为,内部人控制问题与两权分离有关。但是,正如对于这个问题所进行的理论探讨所表明的那样,从两权分离可以直接引出内部人控制,但却不能直接引出内部人控制问题,要引出后者,还要在通常的分析中添加新的条件。

代理问题或内部人控制问题,从代理人角度看,主要表现在这样两个方面:第一,一般来说,他们有着不同于委托人的利益和目标。因为利润是属于股东的,而为获取利润所作出努力的成本却是代理人的,所以只要可能,经理更多追求的是规模、收入和在职消费等。因此,他们的效用函数与股东的效用函数是不同的。第二,他们对自己的知识和才能,对掌握的机遇和作出的努力拥有私人信息,这些是委托人不花成本不能知道的。由于代理人在这里被假定具有机会主义的行为,即在不受罚的情况下,会不惜损害别人而谋取自己的利益,所以,他们既可能在合同前谎报自己的才能,又可能在合同后偷懒,或不提供只有他们才知道的重要信息。

因此,在委托代理关系中就有所谓代理成本或激励问题产生。在规范的委托代理理论中,对代理成本是这样解释的:假设不存在信息不对称,也就是说,代理人的行为,比如说他的努力程度是可以观察到的,其他信息也都是共享的,那么,即使是在不确定条件下,委托人也能在保证代理人得到其保留效用和努力激励的约束下,找到使委托人效用最大化的对于代理人的支付方案。这个方案,通常叫做最佳(first best)方案。但是,如果考虑到信息不对称(这里只限于合同后,即经理已被聘用后的情况),也就是说,比如代理人的努力是不能被观察到的,那么,在不存在不确定性的情况下,由于工作绩效不仅取决于代理人的努力,而且取决于表示环境条件的不同的自然状态,而努力又是不能被观察的,所以求解出支付方案便遇到了最优风险分担和最优激励之间的两难选择。即如果要使代理人有激励采取股东合意的行动,则由于报酬是与业绩挂钩的,而业绩又不完全取决于经理的努力,所以经理就必须承担相当的风险,而通常都认为,经理对待风险是采取回避态度的,因此,这在风险分担的安排上就不是最优的。反之,如果要满足最优风险安排,即把风险留给风险中性的,即在合同中最能承担风险的一方的安排,代理人的激励就会不足。通常,这种情况下的支付方案被称作次佳(second best)方案。而这个方案与最佳方案的偏离,就构成了所谓的代理成本。

在实证的委托代理理论中,代理成本被具体地定义为不仅仅是经营者的在职消费(包括开销、偷闲等),按照詹森和梅克林的说法,它应当由三部分组成:(1)委托人的监督成本,即委托人激励和监控代理人,以图使后者为前者利益尽力的成本;(2)代理人的担保成本,即代理人用以保证不采取损害委托人行为的成本,以及如果采取了那种活动,将给予赔偿的成本;和(3)剩余损失,它是委托人因代理人代行决策而产生的一种价值损失,等于代理人决策和委托人在假定具有与代理人相同信息和才能情况下自行效用最大化决策之间的差异。显然,(1)和(2)是制定、实施和治理合同的实际成本,而(3)则是在合同最优但又不完全被遵守、执行时的机会成本(Jensen and Meckling, 1976)。代理成本在相当的程度上体现在决策规则、任务指派和制度安排的扭曲上,内部人控制问题的要害就在这里。

最早解释两权分离的所谓管家理论,建立在新古典经济理论的基础之上,它把企业所有者与经营者的关系,描述成无私的信托交换忠诚的关系:一方面,作为唯一所有者的风险投资人将企业资产委托给他们信任得过的又有经营能力的代理人(特别是支薪经理)管理,不要抵押,不要担保,完全承担授权不当的全部损失和授权得当的全部收益;另一方面,经营者顺从、忠诚地履行他们的信托责任,在竞争性的即期和远期市场上,买入当前和未来的投入,卖出当前和未来的产出,按照使企业利润或价值实现最大化的要求组织生产经营,以此来为所有者谋利——使他们的个人财富实现最大化。如果他们做不好,那他们就会被解除信托责任,甚至被追究法律责任。这种理论,因为建立在无外部效应、无个人利益冲突、无信息不对称、无交易成本的假定之上,所以无法提出和分析内部人控制问题。

后来发展起来的委托代理理论,首先放弃了经营者无私的假设,认为他们不仅有自己的利益(效用函数),而且追求的就是自己的利益,比如说,在职消费、优裕的生活等;他们的利益不仅通常与所有者的利益不相一致,而且他们只在有利于自己的时候才会顾及所有者的利益,比如,前者追求收入、企业规模、在职消费,后者追求利润或资产价值,而要将前者的目标统一到后者的目标上,后者就必须对前者进行激励和监督,使前者为后者利益的努力行为获得的收益减去成本,能使前者的效用达到最大化。此外,他们所做的一切都是有成本的,因此,所得报酬至少不能低于由机会成本决定的保留水平。

其次,它放弃了完全信息的假定,认为所有者和经营者的信息是不对称的。经营者可以利用私人信息的优势采取机会主义行为谋求个人的利益。所有者和经营者之间在缔约前的信息问题叫逆选择问题,它指的是,经营者知道自己的态度和能力,但所有者却不知道,而只知道它们的总的分布。所有者和经营者在缔约后的信息问题叫道德危险问题。它指的是,经营者知道自己是否尽了力,是否在按所有者的利益谋划和决策,但所有者却不知道,因为不可观察,不可证实,或者,即使可以,成本也高到不可接受。当然,在这种情况下,所有者可以把他们的激励计划建立在可以观察的结果上面。但这又造成了最佳风险分担和最佳激励的替代问题。因此,即使在最佳的风险和激励安排下,经营者也仍然能更多地偏向于自己。正是在这个意义上,可以认为,委托代理理论为现代企业管理理论奠定了基础。

然而,标准的委托代理理论仍存在一个重要的缺陷,那就是假定没有谈判、制定和实施合同的交易成本。这样,所有者和经营者在缔结的长期合同中,就会规定经营者在以后经营的所有情况下的义务,这也就是说,如果出现状态 s,经营者愿意进行可观察的行动 a,那么初始合同中就可以写入这种状态依赖条款,并且在以后也没有必要因为出现新的情况而修改合同。如果合同是完全的,也就是,它把一切都考虑在内,什么也没有遗漏,并且可以付诸执行,那么内部人控制问题就很难发生。举例来说,内部人有可能设法将企业的一部分资产低价转让给他们有所有权的另一家公司,以从中获利。但是,如果初始合同中对此已有预期,并对是否允许出售明文规定,那么,内部人也就很难凭借他们的信息优势谋求自己的利益了。

可是,正如我们在本章 2.1 节中所说明的,由于缔约过程中存在不可忽视的交易成本,所以人们缔结的基本上都是不完全合同,这也就是说,合同是有缺口和遗漏的,它既不可能预料到所有的情况,也不可能规定各种情况下各方的责任。这样,内部人控制问题的发生也就不可避免了。

由上可知,在两权分离、内部人控制的企业中,缔约各方的目标不会自动统一,必须加以协调,但是,信息的不对称和合同的不完全却使得这种协调无法低成本进行,因此,我们才有了内部人控制问题。

值得注意的是,交易成本的特别是产权观点的企业理论在研究代理问题的时候,不仅看到了(或者说接受了)上面代理理论所作的分析,而且还看到了由谈判、设计、实施和执行合同时所发生的合同成本引起的不完全合同问题。按照这种观点,解决代理问题的思路不应该是去设计最佳的完全合同,而应该在承认不完全合同的前提下去设计产权关系合同,也就是设计与交易性质相匹配的治理结构,对合同承诺实施有保障的约束。这也就是说,代理问题的关键不仅在于经营者努力不足,而更在于他们扩大控制权的冲动和渴望。相应地,解决这个问题的关键也不仅在于激励机制,而更在于能使不当行为的经营者交出控制权的治理结构。

对于中国国有企业目前存在的内部人控制问题,已有不少文献作过研究。从接触到的材料看,下述各点特别值得注意:(1)过分的在职消费,比如,一顿工作餐可以吃掉一两个月的收入,所谓的公费吃喝、公费旅游、公费出国以及住房奖励,其中有些当在此列。(2)信息披露不规范,既不及时,又不真实,报喜不报忧,随意进行会计程序等"技术处理",甚至对重大经营活动也不作出应有的解释。(3)短期行为,不是考虑企业的长期利益和发展,考虑企业资产的保值和增值,而是考虑眼前的成绩、地位和利益,并不惜以后者损害前者。(4)过度投资和耗用资产,使用国有资产的边际成本极低,因此,"不用白不用,用了也白用",国资投放和使用出现低效率。㉖(5)工资、奖金、集体福利等收入增长过快,侵占利润。(6)转移国有资产。比如,在一个国有的大厂内建一个由内部人掌握所有权的股份合作制小厂,把成熟的、有市场、高回报的项目给它做,再通过低价进、高价出的办法给予补贴,总之,风险、成本尽量留给大厂,安全、收益尽量留给小厂。(7)置小股东的利益和声音于不顾,或者,嘴上重视,心里却不当回事。(8)不分红或少分红,大量拖欠债务,甚至严重亏损。

这些问题本身就是代理成本。由这些问题引起的主管部门"超强控制"和"超弱控制"㉗,也是代理成本。由这些问题引起的外部人不愿出资或出资不足,以及内部人为得到外部融资所花的代价还是代理成本。由所有这些引致的资源配置和制度安排低效率,仍然是代理成本。

由于:(1)经营者没有被给予将他们的努力与企业净财富联系到一起的股份或股票选择权,(2)资本市场和经理市场尚在发育培养之中,(3)尚未形成有效的公司治理机制,所以中国企业的代理问题比西方发达国家的情况要严重。但反过来看,这也说明,中国更有必要,也更有潜在利益控制内部人控制。

在对两权分离的看法上,过去,我们比较多的是把它作为一条改善企业效率和效益的改革思路加以肯定的,尽管在国外,人们更多注意的是它带来的问题。最近,有文章批评政企分开和两权分离是治标害本,强化了经营权而弱化了所有权。㉘笔者认为,这个批评得于注意到了代理成本,但却囿于忽视了行政成本。两权分离,使决策权向掌握信息的人转移,并使他们的利益与决策后果挂钩,从而大大降低了行政管理成本,提高了经济运行效率与效益。正因此,这个改革思路才得以顺利推进。所以,否定它是缺乏根据的。另一方面,随着产权的移动,代理成本变得突出起来,正视它是必要的。但是,正确的办法应该是设法降低它,将原来的改革思路推进到底,而不是被它吓回来,反倒否定了原本正确的东西。实际上,两权分离是现代企业的共同特征,尽管它在哪里都带来代理成本,但是,相对于它带来的专业化分工、风险分散、大量和快速的融资等好处,人们没有再选择两权合一,而是在充分享受这些好处的同时,下功夫控制内部人控制,努力降低代理成本。这对我们无疑有一定的启迪。

4.公司治理和经营者尽职

本节讨论两个问题。第一,什么是公司治理的确切含义? 它在本质上是个什么东西? 它的基本功能是什么? 它的主要形式有哪些? 第二,经营者应该对谁尽职? 这也就是说,谁拥有公司:股东还是相关利益者? 这两个问题实际上是回答谁是公司的控制者(这里又隐含着对公司有没有控制者的回答),谁来控制内部人控制? 控制内部人控制,其实就是寻找和建立适合各国过渡经济具体情况的有效的公司治理机制,它要能在内部人不自愿放弃既得利益和权力的情况下,依然可以将代理成本降到尽可能低的程度。

公司治理的多种定义和多重含义

如同在其他过渡经济中,公司治理已经成为"企业改革的中心议题"一样(青木昌彦、钱颖一,1995,前言),在中国,"如何对内部人加以控制",也已被看作是"保护国有资产,实现改革目的的重大现实问题"

(青木昌彦、钱颖一,1995,陈清泰序言)。过去几乎闻所未闻的这个概念,现在似已广为人知。但是,迄今为止,国内外文献中关于什么是公司治理,并没有统一的解释。将从不同角度给出的定义归纳起来,可以分成这样几类:

1.根据公司治理具体形式的定义。

在《新帕尔格雷夫货币与金融大词典》的"公司治理"条目中[20],接管市场被看作是过去25年里英美公司治理的有效的、简单的和一般的方法。它的本质是使经营者忠于职责。因为没有接管市场的压力,经营者就会玩忽职守,侵蚀股东权益。而且,在其他对公司治理可能产生影响的因素不起作用的环境下,比如说,在董事会、经理市场、产品市场、资本市场、贷款人约束不起作用的情况下,接管却仍能发挥作用。但是,由于决策失误和成本高昂,近年来它的影响已经下降,人们重新对董事会发生兴趣,把它作为监督经营者、协调股东与经营者关系的精致工具。另一方面,机构投资者被视为改善公司治理的重要力量,尽管它们本身存在自己的代理问题。这个词条没有直接给出公司治理的定义,但对它的主要形式作了描述。

这类定义还有下得更窄的,比如,不少人认为,公司治理就是股东大会、董事会和高层经理组成的一个结构;或者,认为公司治理就等同于董事会,董事会就是专司公司治理的组织形式。

2.根据公司治理制度功能的定义。

英国牛津大学管理学院院长柯林·梅耶在他的《市场经济和过渡经济的企业治理机制》一文中,把公司治理定义为:"公司赖以代表和服务于它的投资者利益的一种组织安排。它包括从公司董事会到执行人员激励计划的一切东西。……公司治理的需求随市场经济中现代股份公司所有权与控制权相分离而产生。"(Mayer,1995)

钱颖一教授在他的《中国的公司治理结构改革和融资改革》一文

中也说:"在经济学家看来,公司治理结构是一套制度安排,用以支配若干在企业中有重大利害关系的团体——投资者(股东和贷款人)、经理人员、职工——之间的关系,并从这种联盟中实现经济利益。公司治理结构包括:(1)如何配置和行使控制权;(2)如何监督和评价董事会、经理人员和职工;(3)如何设计和实施激励机制。"(青木昌彦、钱颖一,1995)

吴敬琏在他的《现代公司与企业改革》一书中则更具体地指出:"所谓公司治理结构,是指由所有者、董事会和高级执行人员即高级经理人员三者组成的一种组织结构。在这种结构中,上述三者之间形成一定的制衡关系。通过这一结构,所有者将自己的资产交由公司董事会托管;公司董事会是公司的最高决策机构,拥有对高级经理人员的聘用、奖惩以及解雇权;高级经理人员受雇于董事会,组成在董事会领导下的执行机构,在董事会的授权范围内经营企业。"(吴敬琏,1994)这实际上是标准的狭义公司治理定义。[30]

一些公司人员的看法更简单明了。艾斯皮特(Jon Aisbitt)是高盛(Goldman Sachs)公司的执行董事,他在伦敦的一次研讨会上认为,公司治理就包括两个因素:一个是长期性关系。它必须解决经理激励和经理与投资者之间的制衡和沟通等问题。另一个是交易性关系,包括与信息揭示和权威有关的问题(Yricher,1994)。

3.根据公司治理理论基础的定义。

公司治理的主要理论依据主要有这样几个。第一个是所谓的管家理论,它植根于公司法之中,是古典管理理论的附庸。它是规范性的,建立在信托责任基础之上:公司(即股东大会)将责任和权力委托给董事,同时要求董事忠诚,并能及时对自己的行为提出合理的解释。这个理论的前提,是相信人人都是公正和诚实的,都是愿意为他人谋利益的。依照这个理论,公司治理被看作信托责任关系。

第二个是委托代理理论。它把企业看作是委托人和代理人之间的合同网络,股东是委托人,董事是代理人。代理人的行为是理性(或有限理性)的,自我利益导向的,因此,需要用制衡机制来对抗潜在的权力滥用,用激励机制来使董事和经理为股东出力和谋利。依照这个理论,公司治理被看作委托代理关系。

第三个是产权理论。它认为所有权规定了公司的边界,是控制公司的权利的基础,这些权利包括提名和选举为股东利益管理企业的董事的权利;要求董事就企业资源的配置作出决策并给予解释的权利;任命独立审计师检验公司财务的准确性及对董事的报告和帐目提出质疑的权利,等等。而对于公司资产运作和日常经营的控制权,则分别授予董事会和经理层掌握。依照这个理论,公司治理被看作是产权或控制关系。

4.根据公司治理基本问题的定义。

科克伦(Phlip L.Cochran)和沃特克(Steven L.Wartick)对公司治理很有研究,他们在1988年发表的《公司治理——文献回顾》一文中指出,"公司治理问题包括在高级管理阶层、股东、董事会和公司其他的相关利益人(stakeholder)的相互作用中产生的具体问题。构成公司治理问题核心的是:(1)谁从公司决策/高级管理阶层的行动中受益,(2)谁应该从公司决策/高级管理阶层的行动中受益? 当在'是什么'和'应该是什么'之间存在不一致时,一个公司的治理问题就会出现。"(Yricher,1994)

为了进一步解释公司治理领域中包含的问题,他们引述巴克霍尔兹(Buchholz)的论述,将公司治理分为四个要素,每个要素中的问题都是由与高级管理阶层和其他主要的相关利益人集团相互作用有关的"是什么"和"应该是什么"之间的不一致性引起的。具体来说,就是管理阶层有优先(preempted)控制权,董事过分屈从于管理阶层,工人在企业管理上没有发言权,和政府注册规定过于宽容。每个要素关注的对象是这些相关利益人集团中的一个,如上,则分别是股东、董事会、工人和政府。对于这些问题,办法可以分别是加强股东的参与,重构董事会,扩大工人民主和严格政府管理。他们认为:"理解公司治理中包含的问题是回答公司治理是什么这一问题的一种方式。"

5.根据公司治理潜在冲突的定义。

他们还认为,回答这一问题的另一有效的方法是考察构成公司治理问题基础的潜在冲突。这些潜在冲突可以概括为以下两个方面:(1)治理和管理的区别;(2)所有和控制的分离。

治理和管理的区别依赖于传统的法律模型:董事会是股东的代理人,股东因供给资本而拥有公司,他们最基本的权利是选举董事会作为他们在公司决策中的代理人。据此,治理被看作与机构的内在性质、目的和整体形象有关,与该实体的重要性、持久性和受托责任等内容有关,与机构的战略方向、社会经济和文化背景、外部性和组成要素的监督有关。而管理则更多地与活动有关,在它的传统意义上,管理是采取或监督采取明智的手段完成某些目标的行动。管理阶层主要关心在一具体的时间和既定的组织内具体目标的实现。也就是说,(1)治理的中心是外部的,管理的中心是内部的,(2)治理是一个开放系统,管理是一个封闭系统,(3)治理是战略导向的,管理是任务导向的。一言以蔽之,治理关心的是"公司向何处去",而管理关心的是"使公司怎样到达那儿"。

对许多人来说,管理和治理的这种活动导向的区别过于广泛和抽象,并会由于有人既参与管理又参与治理而含混不清。因此,又有人以公司治理来指董事会借以监督执行人员行为的过程、结构和关系;而以公司管理来指执行人员为实现公司目标的所作所为。按照这一结构导向的观点,治理就是董事会的工作,而管理则是执行人员的工作。

所有与管理从而与控制的分离,是治理问题产生的根源。控制问题是管理阶层和股东之间的斗争焦点,董事会成为这场斗争的场所。一方面,有人认为管理阶层在根据自身利益作决策,他们所需要的只是安抚股东。董事会作为缓冲层,既为管理阶层利益服务,又抗衡股东的需求。由于股东的私有产权只附于他们的股票之上,而且所有权又非常分散,所以管理阶层对公司资产的使用几乎不受股东影响。另一方面,有人认为股东通过他们在金融市场上的行为,控制着公司资产的使用。股票的买卖是股东控制权的反映,它的作用不应该被低估。作出了违背股东利益决策的管理阶层将在这一市场受到惩罚。

公司治理的多种定义,与它本身包含的多重含义有关。像公司治理这样复杂的概念,是不可能也不应该用一句两句话就给出完整定义的。而且,随着人们对它的认识的深入,对它作出的解释也将更加丰富。在辩证的即综合各个侧面的抽象研究的意义上,这个概念应该是一个知识体系。由于知识的最小表述单位是判断,所以,它可以用一系列互为补充的判断来加以说明。

1.公司治理的本质是一种关系合同。

从合同论、交易成本论或产权论的观点看,公司是一组合同的联结体。这些合同治理着公司发生的交易,使得交易成本低于由市场组织这些交易时发生的交易成本。由于前面说过的原因,所以这些合同不可能是完全合同,即能够事前预期各种可能发生的情况,并对各种情况下缔约方的行为利益、违约处罚都作出明确规定的合同。为了节约合同成本(预期、起草、监督、执行),不完全合同常常采取关系合同的形式,就是说,合同各方不求对行为的详细内容达成协议,而是对目标、总的原则、遇到情况时的决策规则,谁享有决策权以及解决可能出现的争议的机制等达成协议。公司章程,甚至公司法,实际上就是这种关系合同。它们只给出关系框架,确定用于决策和利益分享、成本分摊的机制,而不对具体行为作预先规定。例如,它们对股东的权限和董事产生的程序、职权范围、责任以及与经营者的关系作出概括性的规定,但却不去预期可能发生哪些情况,也不去具体描述在这些情况出现后各方应该如何行动。公司的劳动合同,也是关系合同,它在法律和习惯许可的条件下一次性地将用工权赋予用工方,从而节约了不断谈判不断缔约的成本。公司的治理安排,以公司法和公司章程为依据,在本质上就是这种关系合同,它以简约的方式,规范公司各利益相关者之间的关系,治理他们之间的交易,来实现公司节约交易成本的比较优势。

2.公司治理的功能是配置权、责、利。

关系合同要能有效,关键是要明确在出现合同未预期的情况时谁有权作决策,这种权力就是前面说到的剩余控制权。一般来说,谁拥有资产,或者说,谁有资产所有权,谁就有剩余控制权,即对法律或合同未作规定的资产使用方式作出决策的权力。公司治理的首要功能,就是配置这种控制权。这里有两层意思。一层是,公司治理是在既定所有权前提下安排的。所有权形式不同,比如债权与股权、股权的集中与分散等,公司治理的形式也会不同。另一层是,所有权是可以而且常常应该分割和让渡的,所有权中的各种权力就是通过治理结构进行配置的。在后面这个意义上,控制权配置和治理结构的制度安排就成了一回事。公司内部的传统治理机制,就是在股东、董事和经理之间配置剩余控制权。比如说,股东拥有最终控制权,董事拥有授予剩余控制权,而经理则拥有实际剩余控制权,就是众多配置中的一种方式。

拥有了权力,也就承担了资产使用的责任。为了使决策者有尽职尽责的激励,所有权的另一内容就是给予所有者剩余索取权。由于控制权在不同的利益相关者之间分配,所以索取权往往也会有相应(不必对应)的分配。比如,出于激励计划,利润会由各种相关者分享。此外,各种行为人都有自己的利益,比如,债权人的和股东的利益,股东的和经理的利益,这些利益相互之间,与整体利益之间常常会有矛盾和冲突,因此,公司治理的一项重要作用,就是安排和协调好这些利益关系,并让它们与控制权安排匹配起来。

因此,公司治理实质上是一种产权关系合同。

3.公司治理的起因在产权分离。

在股份分散的现代公司中,股东都想搭便车,谁也不愿关心公司的运作。公司董事的选择,实际上落到了经理手中。因此,出现了不是股东控制董事从而经理,而是反过来,经理控制董事架空股东的情况。对于这个结论,从它提出至今,一直都在争论,争论的焦点,是股东还在不在和应该不应该在控制的源头上。争论中的一种比较极端的意见,是认为对这些公司来说,所有权概念的有用性是值得怀疑的。他们的理由是:第一,股东对企业经营没有直接决策权;第二,名义上有此权力的董事会却没有剩余索取权;第三,实际权力在高级经营(执行)人员手中,但由此可推出雇员才是实际剩余决策者的结论。应该承认,与古典企业相比,现代大公司的所有权结构要复杂得多,但因此而怀疑所有权的作用甚至它的存在,却是不恰当的。首先,为了筹措资金、分散风险和发挥专业人员作用,经营者总是需要外部投资者的,反过来,投资者也总是需要内部经营者的。为使这样的关系得以建立和维持,他们就必须在相互间形成产权权利的某种分离、分布和配置。其次,这种配置采取了产权授予的形式。所有者保留由公司法和公司章程规定的以股东权利体现的最终剩余控制权,而将经营企业资产的剩余控制权交给董事会和经理层,以此来提高决策效率和减少交易成本。再次,公司治理机制就是为解决在这种情况下产生的代理或内部人控制问题而设计的。股东态度和参与程度不同,只对公司治理的形式而不是对它的必要性发生影响。再消极的股东也是股东。公司治理是所有权的实现,而不是所有权的废除。

4. 公司治理的形式有多种多样。

公司治理有多种形式。并且按不同的划分标准,可以有不同的分类。比如,对应于外源融资的两种不同方式,就有两种不同的公司治理形式。保持距离型融资通过提供的抵押品确保投资者在企业经营不良时可以获取公司资产和现金流的所有权来吸引外部资金,因此投资者往往采取目标性治理方式,只要能得到约定的或能够满意的报酬,就不直接干预经营战略决策,当然,他们并不是完全不管,而是主要依靠接管和破产机制来管。控制导向型融资通过使投资者保持其所要的控制权来吸引投资,因此投资者往往采取干预性治理方式,自己监督和控制公司重大决策。显然,在这两种方式中,所有权与控制权的分离程度是不同的。[31]

再如,按照投资者行使权力的情况,可以将公司治理分为外部体系和内部体系。一般认为,欧洲大陆和日本的公司是内部治理体系,其特点是非上市公司为主,少数大股东(如大银行)直接行使管理权(但给经理主持日常决策的自主权),不存在公司控制权市场,其他相关利益者在公司有代表权。英美的公司是外部治理体系,其特点是上市公司为主,股权分散,控制间接通过非执行董事、接管、破产、经营者激励来实施,董事会只对股东负责。银行只在企业破产重组时才暂时拥有公司的资产。由于信息不对称,所以内部体系具有解决投资不足的优点,但却有投资过度的缺点。外部体系既有股东投资不足的问题,又有经理(用公司资金)投资过度和用盈利补贴亏损的问题。但另一方面,由于外部体系更依赖自动起作用的资本市场,而内部体系则主要依赖银行家封闭的主观判断,所以前者比后者更加有效。[32]

诺贝尔经济学奖得主 M.H.米勒在谈到国有企业改革对中国长期发展的重要性时说:"从本质上来说,研究改革等于是对经济学家所称的公司治理的各种可能的方略作一番选择。譬如,怎样才能确保企业经理得到正好为其所需而不是更多的资金以完成有利可图的项目？经理应遵循怎样的准则来经营企业的业务？谁来判断经理是否对公司资源运用得当？如果运用不当，谁有权决定替换这些经理？"[33]这里的最后两句，的确道出了公司治理的关键、要害、核心。

谁拥有企业：股东还是利益相关者？

谁拥有企业，特别是，谁拥有股份有限公司？换言之，就是企业（特别是股份有限公司）属于谁、应该为谁的利益服务？这个在许多人看来似乎不假思索便可以回答的问题，现在却成了摆在经济学家和法学家面前的理论难题。

利益相关者

问题可以从对新古典的股东主权模型，或者说，对公司是由股东所有的判断进行的批评说起。这种批评，虽然在贝利-米恩斯的现代公司所有权和控制权两权分离命题和奥地利学派的资本家与企业家相分离的命题中就已露端倪，但是，目前最具影响的，还是来自以股东以外的利益相关者即公司的经理、雇员、供应商、客户和地方政府为一方，以大量的学者和其他激进人士为另一方的联盟的批评。它们主要有这样一些内容[34]：

第一，拥有实物资产意味对其具有占有、处置、让渡与收益的权利，并承担相应的责任。如果这些权利和责任未被集合在一起赋予单一主体，那么指定任何单一主体为所有者就毫无实际意义。公众公司的股东虽然在名义上和法律上有权取得红利，有权选择董事，和有权批准重大事项，但他们实际上却无法直接拥有或控制公司的任何有形或无形资产，无法直接指挥或控制经理人员的决策，甚至无法进入或使用公司办公室，同时，他们也不必直接负担公司的债务，因此，他们没有上述意义上的权利和责任，不能算作企业的所有者。

第二，股东只拥有公司股份，而不拥有公司。说所有权与控制权相分离是矛盾的。既然所有权不意味着控制权，那么这种所有权就不再有什么意义。而如果公司由股东拥有这个提法没有意义的话，那么公司由经营者拥有或职工拥有的提法也同样没有意义。至少不像拥有房子、汽车的提法那样有意义。因此，所有权是不重要的。关于谁拥有公司的争论只是无关紧要的语义学上的问题。

第三，公司并非简单地被视为属于股东们的实物资产的集合体，而是一种具有治理所有在企业的财富创造活动中作了专用投资的主体的相互关系功能的法律框架结构。这里的主体，是包括股东在内的所有的利益相关者。从某种意义上说，他们谁都作出了专用化的或合作专用化的投资，他们谁都可以分享企业利润的相应份额，他们谁都承担着一定的投资风险，也谁都掌握着一定的实际控制权。股东可以拥有实物资本，但不能拥有人力资本，而离开后者，前者就会贬值。因此，将企业视为股东所有物会损害其他投资者，影响他们的投资积极性。

第四，虽然在英国和美国，公司被看作是私人合同的产物，它们的治理结构在章程中规定，法律只提供这些合同谈判和执行的机制，股东拥有的资产的价值最大化被普遍认为是公司经营目标，但是在日本和德国，公司却被看作是具有独立人格、追求全体利益相关者目标而非其中一方目标的社会机构，它们的经营和治理方式都体现了公共责任和公共利益。按英美模式，股东就要更多参与和监控公司经营，而这很难做到，做到了也难以改变公司行为。

第五，以日本公司的组织结构和经营原则为例，董事会几乎完全由全职雇员组成：1991年，100家最佳公司的21 737名董事中，有55名外部人，而就是他们，也是关系银行或全资国外子公司派来的（与此相对照，英美约75%的董事是外部人）。80%以上大企业的多数股份由联营公司、供应商、客户等"友好的手"持有。经理人员一般都在本公司度过职业生涯,接管不能发生。从这种结构中,可以看出公司是为利益相关者的利益运转的,它赋予各方利益以权重。在一份调查中,中层经理在被问及企业应该属于谁的问题时,回答的排序是雇员第一,再次为社会、股东、客户和管理层,在被问及公司实际属于谁时,回答的排序成为雇员、管理层、股东。

第六,经理不是股东的代理人而是资产的受托人。他们在法规条例的规范下,控制和管理不属于自己的财产,使之保值增值,并使所得在利益相关者间均衡分配。与委托代理模型比较,受托人模型一是更注重公司的关键技术和行为进化式的发展,二是要求平衡所有利益相关者的现在的和未来的利益,因此是更可取的公司治理结构。

第七,经理对股票价值最大化负责,就有义务接受"恶意收购",结果,股东获利而工人遭殃,长期建立起来的专用投资、供销网络、借贷关系等都会被短期获利行为打断,因此,公司不应该仅仅对股东负责,而应该对全体利益相关者负责,原来的公司法也应该据此进行修改。[35]

第八,根据赫姆斯特姆1982年在《团队的道德危险》一文中证明的不可能性定理:在预算平衡的团队生产条件下,不可能实现帕累托有效率的纳什均衡,引申出利益最大化与帕累托有效不可兼得,必须对它们作出选择,这也就是说,追求股东利益最大化并不就导致帕累托有效率。因此,利润最大原则只体现股东利益,而不能代表所有利益相关者的利益,更谈不上社会整体的帕累托最优了。[36]

股东

反对这些主张的是另一个由私人投资者、机构投资者(互助基金、保险公司、养老基金和金融中介机构)和投资银行业、股票经纪业及自由市场经济学家组成的联盟。这一联盟认为最大化企业的价值会增加经济效率,经理、自利的雇员、无竞争力的供应商和无能的政府之所以要求关注其他问题,只是因为他们想逃脱市场的约束,将所有者的资源

用于个人目的之上。他们提出的反驳主要有这样一些方面:

第一,让经理对所有的利益相关者都负责任,相当于让他们对谁都不负责任,或者,就是让他们以整个联盟的利益为借口、为约束,追求他们自己的利益。多目标会使得政府所追求的目标和所关心的问题与企业所追求的目标和所关心的问题搅和到一起,也会使经理人员为完不成企业目标或追求自己的目标找到掩饰。因此,让经理追求企业价值最大化以外的其他目标会引起灾难性的道德风险问题。

第二,在存在利益不一致、信息不对称、合同不完全和有限理性、机会主义的情况下,产权是重要的。谁应该拥有资产的所有权理论,对于理解现有的资产所有权安排,预测不同环境下的合适的所有权模式,对于理解企业的本质、边界和组织形式,对于克服专用化投资中的套牢问题,对于根据资产的交易特征实现资产的价值最大化都是有意义的。

第三,对非人力资产的所有即控制将导致对人力资产的控制。虽然雇主可以让雇员去干什么,一个独立缔约人也可以让另一个独立缔约人去干什么,但是,雇主可让雇员唯命是从,而独立缔约人之间却不能。之所以这样,是因为如果关系中断,雇主可以带走全部非人力资产,而一般情况下,这恰恰又是雇员的人力资产发挥作用必须依赖的条件。因此,重要的非人力资产,是企业凝聚的核心,而对此资产的控制或所有,也就跟着成了对企业控制和所有的根据(Hart,1995a)。

第四,由于外部效应,企业的内部决策会以不同方式影响社会的不同方面。在这种情况下,要求采取对社会负责的行为是有效率的。但是,这种要求是现实的吗?即使现实,它是否又会引出非意愿的结果呢?问题在于,当经营者被要求这样做时,他们从哪里去获得足够的信息和动力?没有价格和有关的谈判来指导,他们怎么能知道他们的行为带给其他人的成本和效益?没有报酬激励和有效监督,他们怎么会愿意这样去做?而没有所有权或其他替代形式的激励,谁又有动力、信息来监督经理,并判断他们非利润导向的行为是否合理呢?

第五,企业决策对收益在各利益相关者之间的分配,明显是有影响的。在决策中应该怎样考虑这些利益?股东要关闭企业,工人或供应商有权否决吗?在利益发生冲突的时候,以谁的利益为重?各种利益在决策中的相对重要性对于经济体系的效益的影响是不能忽视的。对于作出了专用或共专用投资的各方的利益都应该予以考虑和保护,但是,由于有关各方及他们可能产生的利益格局和潜在冲突是如此之多,为了节约谈判等交易成本,通过法律等形式事先规定好关系合同的框架,由其中的一方掌握剩余控制权是有效的方法。

第六,赫姆斯特姆研究的是投入不可观察情况下的团队组织中的道德危险问题。他的主要结论是由于搭便车导致努力供给不足,所以需要监督、委托人、激励和剩余。在此过程中,他证明不存在预算平衡即将全部团队产出恰好在全体成员间分配完毕的合同,可以诱导团队风险中性的行为人选择最佳努力水平。但是,在行为人采取风险规避态度的时候,这个结论就不再正确。赫氏的定理依赖于行为人的效用函数是货币的线性函数这一假定。如果行为人是风险规避的,他们就可以利用这一点来写出有效的预算平衡合同(张维迎,1996b)。

第七,近20年的实践表明,股东资本主义的英国和美国实际上与利益相关者的资本主义的日本和欧洲大陆的经济同样好,甚至更好。按近40年、30年、10年统计的人均国内生产总值的年平均增长率比较,德国、日本、英国、美国间的差距在迅速缩小。而1995年,这几个国家的数字已成为2.1%、0.5%、2.6%和3.3%。从投资占GDP的比例看,这些国家的距离也在迅速缩小。此外,在制造业的效率方面,美国一直是最领先的。这些国家每年提高的幅度,1960—1973年,分别为5.7%、9.6%、4.1%和3.3%,1979—1994年,分别为2.2%、4.2%、4.1%和3.3%。在研究与开发投资方面,1993年,占其GDP的比例,美国与日本相平,

英德差距也在缩小。㉟

第八,由于劳力和马克原因造成的高成本,以及国际竞争的压力,使德国公司也开始裁减雇员和在美国上市,从而使利润目标优先于收入目标,兼顾各方的政策,正在被放弃。同时,银行开始出售长期持有的公司股份,使单一制股东模式发生改变。同样,在日本,以三菱为首的一些最大的贸易公司已把注意力转到股本的收益上,终身雇佣制被运用于关键雇员,"提升或离开"的制度被引进银行。这一切表明,那里的企业似乎也看到了股东资本主义的价值。㊱

评论

这场争论之所以如此难分难解,主要或许有这样几个原因。第一,当事各方都有人出于自己的已得利益而坚持自己的观点,并不懈地争取自己的权利。第二,在实际中,这两种模式都有自己扎根的土壤,例如,英美的代理权竞争、接管,德日的银行和交叉持股。第三,在分析方法上,它们也有不同的侧重,一个强调完全或不完全合同,一个强调合作或不完全合作。第四,所涉及的一些基本理论问题还没有弄清楚,比如,股份公司的所有权问题。这里,我们就来对此作些探讨,因为它与这场争论特别相关。

如前面所述,在现代经济分析中,所有权的意义在于剩余控制权和索取权。这两方面的结合,是所有权产生激励的关键。对于简单的物品来说,所有权概念复杂,但却明白。假设一项交易中有几个人提供劳动力、实物等,如果其中只有一个剩余索取者,并且其他人都按合同得到固定数目的报酬,那么最大化他得到的价值,就等于最大化所有各方总体得到的价值。如果他能为此目标行使剩余控制权,那么他所作出的剩余决策通常就是有效率的决策。在古典的私人资本主义企业中,这两项权利合起来交给最合适做老板的人。赫姆斯特姆定理所讨论的背景,就是这种团队生产的企业。

但是,这并不意味着私有产权制度一定富有效率。因为,第一,让一个决策者承担资产价值的全部风险并不符合有效率的风险分担原则的要求。第二,在资产价值比较大的时候,这实际上也是不可能的。第三,这不利于调动其他要素投入者的积极性,发挥他们的才干。第四,根据等报酬原理,要求这种所有者完成其他绩效难以测度的责任的激励成本将会很高。

股份公司的创造有利于克服这些缺点,但却使所有权变得模糊起来,以至于一些很著名的经济学家也认为,在大公司里,实际上没有人拥有简单理论中描写的起所有权作用所必需的剩余控制权与索取权(Milgrom and Roberts,1992)。

确实,同对实物的所有权相比较,对企业的所有权的意义是不易理解的。对股份公司这样一种有着众多股东的组织的所有权的意义,就更不容易理解了。但是,是否在这种情况下所有权的意义就不再重要了,需要另赋含义了,或需要众多主体加以分享了呢?

显然,所有权仍是重要的。按照哈特的观点,离开了这一点,企业本身就不必再存在。或者,它的边界就不可能再界定。但是,所有权的内容,或者说划分、配置,却的确发生了变化。股东是权益资本的所有者,他们每一个人都不可能按其所占股份直接支配相同份额的实物资本,因为这样做有违组织公司的初衷,所以成立公司就意味着签约放弃这种权力。股东所保留的权力,是对于公司的集体所有权,并按一股一票的原则行使它。由于集体决策在时间、精力等方面高昂的成本,所以他们不可能对公司事务进行讨论和决策,因此,他们就只能将对于公司经营的剩余控制权委托或授予董事会,基于同样的原因,董事会又将日常经营的剩余控制权委托或授予经理,这样,从决策权的性质来说,集体产权转化成了私人产权(仅就决策排他而言)。然而,即使这样,股东也决非没有剩余控制权。第一,他们仍控制着董事、(从而)经理的人事决定权;第二,只要他们认为必要,可以不经他人同意,就能推翻别人的决定。可见,他们只是把对经营决策的剩余权转化为对经营者选择的剩余控制权,以此来节约交易成本和提高效率,同时,又保持了最终的权力,以确保自己的所有者身份和地位。这不能不说是一种绝妙的制度安排。

当然,将此观点贯彻到底的话,企业所有的人员都或多或少地有一些剩余控制权和索取权,因此,他们也就都参与了决策与利益分享。但是,这只能是部分的,而不是总体的。到了供应商或是客户,如果不是作为股东,那么他们与企业就只存在市场界面的联系,就不应该在同一所有权单位内予以考虑了。㊴

5.控制经营者的主要机制

公司治理的主要内容是设计控制内部人控制的机制。适应于不同国家,不同发展阶段和不同文化背景,这种机制存在多种形式。

董事与董事会

在现代公司中,董事与董事会是作为股东的代表来实施公司治理,即激励和保证经理对股东"履行代理职责"(accountability)的一种职位、人事、组织和制度安排。在不同国家,公司董事会的成员和组织结构是有区别的。这些区别反映了它们公司治理结构、组织和制度文化背景等的不同。

董事的类别

虽然各国的公司法都没有区分不同的董事类型和名称,都认为董事对公司事务的治理承担着完全同等的责任,但是,在实践中,人们还是对不同董事的类别作了区分,并冠以不同的名称。比如,英美国家的公司董事就有:(1)"执行董事"(executive director),即同时又是本公司的执行人员的董事[40];(2)"非执行董事"(non-executive director),又称"外部董事",即在其任董事的公司中不同时担任执行职务的董事[41];(3)"被提名董事"(nominated director),即与有关委托人如大股东或投资机构订有代理合同的董事[42],及与其相仿的通常代表消费者、雇员或其他利益相关者利益的"代表董事"(representative director);(4)"替补董事"(alternate director),即可以根据公司章程的规定得到任命,在他们准备替补的董事不能出席董事会时,必须出席会议的董事;(5)"影子董事"(shadow director),即名义上不是正式的董事会成员,但却能在幕后影响董事会决策的人;(6)"非正式董事"(associate director),许多公司常常愿意授予不是董事会正式成员的高级经理以董事头衔,以图用身份和地位承认来奖励他们作出成绩,或者给需要代表公司和大客户、政府等打交道的执行人员以利于公关的身份与地位。

日本公司的情况与此有些不同:第一,在日本的公司董事会中几乎没有独立的非执行董事,没有由外部董事组成来监督执行人员的审计委员会和监督经理报酬的委员会,也没有像德国那样的有雇员参与的双委员会。[43]第二,日本董事会几乎完全由内部、执行董事组成。而且,虽然日本的基本模式源自西方,但其董事会基本上是层级结构,主要由公司组织的金字塔结构中最上面三个或四个层次的人组成。[44]第三,日本商法要求董事会选举"代表董事",与西方的不同,他们的作用是代表公司和外部团体如政府、大藏省、银行和同一行业中的其他公司打交道,是董事会最高级别的成员。第四,最接近西方意义上非执行董事的任命,是企业集团中出于公司间商务关系的需要,建立在产权关系上的任命。[45]第五,日本商法要求委任全职法定审计师到董事会中。他们可就任何财务问题和违反公司法或公司章程的事项向董事会报告,并能向董事或其他雇员索取任何信息,甚至能召开董事会议。

德国、荷兰等国公司实行的是双董事会制。监事委员会的董事,规定要由股东代表和雇员代表担任。例如,德国三大银行 61 名监事董事中,至少有 30 名是雇员或工会的代表。这个委员会的正副主席通常分别由这两方的人士担任。而管理董事会的董事则由公司职业经理或执行人员担任。

董事会的结构

最简单、最基本的董事会结构可以用执行董事与非执行董事的比例来描述和刻画。这一划分的管理、组织和治理结构背景是管理执行层的工作和董事会的工作的区分。管理层的职能是经营企业,董事会的作用是监督企业的经营,在所有权与经营权分离的地方尤其如此。管理阶层一般是一个层级结构。虽然管理阶层不一定是纯粹的金字塔式结构,但却一定存在一种责任顺序,权力层层向下委托,责任则层层向上传导。相反,董事会本身并不是层级结构,它的成员必须平等地工作,通过一致同意,或者,在必要时通过投票达成决议。在法律上各个成员承担相同的义务和责任。公司治理一词用于指董事和董事会的具体工作,与管理阶层经营企业的工作不同,主要涉及他们和最高管理阶层、股东、审计师以及其他外部团体的关系。

在这一背景下,就比较容易理解董事会的下述四种不同结构。(1)全部由执行人员构成的董事会(all-executive board)。在这种董事会中,各个董事也是执行人员,作为管理者,他们的作用和责任由劳动法和雇佣合同定义;作为董事,他们的作用和责任由公司法和公司章程规定。在管理阶层由企业所有者控制的情况中,如在所有者管理的企业主型企业(小私有企业、家族企业)中,很容易见到这种董事会。[46]
(2)多数由执行人员组成的董事会(majority executive board)。这是英国公开上市公司(包括最大的公司)的典型的董事会结构模式。非执行人员被选举为董事,可能是为了代表公司中的重要相关利益者如一个大股东的利益,或者是因为股东预见到董事会需要这些外部董事的专业才能、知识经验或外部关系。在有些情况中,外部董事被用作制衡机制。(3)多数由外部人员组成的董事会(majority outside board)。当非执行董事构成了董事会的大多数时,尤其是当他们有一个独立的大多数时,董事会就更能强调制衡、监督管理阶层的绩效的要求了。在纽约股票交易所上市的大部分大型股份公司都有由多数非执行人员组成的董事会。(4)双层监管委员会(two-tier supervisory board)。执行管理阶层和非执行董事最根本的分离体现在双层监管委员会中。这种结构主要在欧洲大陆诸国中使用,在德国已制度化。在这种结构中,监督委员会和执行委员会之间没有共同的成员。前者的作用是监督执行委员会的方案和绩效,它的主要权力在于它的雇佣能力。

董事的作用和责任

董事在公司活动中的作用,粗略地说,可以分为两大类:一类是保证公司接受确定的发展战略和经营政策,以使公司绩效提高;另一类是确保公司履行董事会规定的战略、政策、程序和计划,以使公司协调一致。

虽然各个董事的技能、经历和个人才干都不相同,但是,在发挥第一类的作用方面,具体地说,他们却总应该能够:(1)提供诀窍(know-how)、专业才能和外部信息;(2)提供对外界的联系(networking)渠道;(3)提供地位、名誉与身价。董事发挥这类作用,是要通过更好的战略思考和政策制定来改善和提高公司绩效。而在董事会作出了正确的战略与政策选择以后,董事还必须要能很好地发挥第二类的作用,以保证公司协调一致地遵守董事会确定的政策、程序和方案,使公司战略圆满实现。为此,他们必须:(1)监督管理阶层;(2)维护股东和相关利益者的合法权益。

董事因履行职务而享有权利,因行使权利而承担责任。虽然在不同的国家中,董事的法律地位有巨大的差异,但是,有几个一般的责任还是广泛地适用的,那就是:(1)对股东履行受托责任。做到:第一,积极稳妥地对公司提供战略指导,确定有关政策并监督最高管理阶层的活动;第二,及时正确地向股东通报并解释重要的行动和相应的结果,其中包括依法需要提供的正常的报告和账目(大部分情况下已经过审计)。(2)对公司履行忠诚责任。第一,必须是为了公司利益而不是为了自己或公司以外的什么人行使权力;第二,必须为全体股东而不只为部分股东服务;第三,不能损害公司利益,不应该在他和企业的交易中制造秘密利润;第四,董事不能参与内幕交易,即根据利用特权获得的价格敏感性信息,交易一家挂牌公司的股份的行为。(3)对职位履行合格责任。无论是成文法还是案例法,都规定董事在他们的董事会工作中要表现出合理的关心、勤奋、谨慎和技能,在处理公司事务时要表现出符合他们职位、学历、经历和身份的知识、经验、技能和才干。

董事会的功能

投资者信托董事与董事会按他们的利益负责公司战略和资产经营,监督和制约经营者的主要决策,并在必要时撤换不称职的执行人员。董事会的活动,可以从无所事事到涵盖一切,其间差异很大。在一个极端,董事会只是为了批准管理阶层实施的决策而设立的一个行政单位或一个按法律要求必须设立的单位,董事会甚至不举行正式会议;在另一极端,董事会可能全部由执行人员组成,是一个提出或批准所有重要决策的机构。一些董事会认为他们的根本作用是任命首席行政官(CEO),然后放手让他去做,而将干预维持在最低限度,另一些董事会则把自己看作是最高管理者的管理者,而过问尽可能多的事情。虽然董事会在结构和运行风格上有许多根本性的不同,但是,由于最终对公司实施控制和对公司绩效负责任的仍是董事会,所以,尽管侧重不同,但一般总要提供这样四项基本功能,即制定战略[47]、确定政策[48]、监督管理者⁴⁹和承担责任。其中，前两项可归为一类，通常被称作董事会提高公司绩效的功能，后两项可归为一类，通常称作董事会保证公司行为符合股东和其他关系人的利益和所要求的结果的功能。

董事会应该发挥重要作用，但是，一方面，当然不能希望作为内部人的执行董事自己监督自己，另一方面，虽然设置非执行董事的目的是因为他们没有困扰内部人的激励问题，但是，由于他们的个人收入与公司业绩好坏关系不大，他们的主要时间和精力不会用在这里，他们的信息来源甚至董事职位都依赖于内部人，所以他们事实上不能控制内部人；相反，倒常常被内部人所控制，采取不是保护所有者而是保护经营者的行动。此外，董事会在纠正行业内许多公司普遍存在的问题如需要收缩的问题时，由于现有董事害怕失去工作、收入和地位，会共同抵制合理的调整。这是它的又一缺陷。

代理权竞争

公众公司的股东常常不愿参加每年的股东大会，而是委托他人代表他们投票。现行管理人员在发出召开股东大会的通知时，附带有索取代理委托书的请求。在通常的情况下，这些请求会得到满足。代理权竞争(proxy contests)作为一种治理机制，被认为是股东鞭策和罢免那些未能实现公司价值最大化的不称职的经营者的基本工具和标准做法(Hart,1995b)。在代理权竞争中，持异议的股东为投票反对现在的董事会或经营者和提出新的候选人，而试图让其他股东相信这样做对他们更好从而获取代理权委托。因此，这是一种不用花费大量收购支出又能改变公司控制权的一种做法。

哈里·迪安吉洛和琳达·迪安吉洛关于1978—1985年60家在纽约股票交易所和美国股票交易所上市的公司的代理权竞争的实证研究表明(DeAngelo and DeAngelo,1991)，在此期间，这些公司发生的代理权竞争每年 5—10 次不等,平均 7.5 次。与同期发生的敌意收购次数大致相当。

持异议者的这些活动初次披露(71.7%早于代理权竞争公告)的性质分别为,宣布要获得董事会席位的代理部分(占样本的 28.3%),表明对董事会席位有兴趣(25%),试图得到股东名单(6.7%),表明对控制权有兴趣,但未说明办法(11.7%),显露对公司政策施加影响的意图(5.0%),建议收购公司(10.0%),现职人员表露出对持异议者反感(13.3%)。

为了获得所需的支持,持异议者必须使其他股东相信,董事会改组可以增加公司的价值。他们的典型做法是公开散布一些事实来激起人们对现任管理人员表现的普遍怀疑,并暗示有必要通过改组董事会来挽救局势。他们的批评主要有:在业务与投资政策方面,业务表现较差[20](68.3%),应该考虑出售公司(46.7%),应该考虑资产重组(26.7%);在财务和所有权结构方面,不能令人满意的股息政策(28.3%),董事会成员持股较低(28.3%),债务过多(8.3%);在管理的正直与一般胜任方面,不适当地阻碍接管(50.0%),未经授权的补偿/临时收入(35.0%),不胜任/不可靠的管理(23.3%)。这种批评,通常采用一些易于引起共鸣的形式进行。

争夺代理权与其他的公司接管方法的不同之处在于必须使投票表决的股东相信持异议者有能力制定与贯彻赢利性政策。虽然很难对持异议者的业务表现作预测,但是其领袖的业务背景通常表明他们有能力给股东带来更多的价值,因为他们已经拥有本行业、本公司或者拥有接管制造业、不动产方面的专业知识和经验。

持异议者之所以用拉票而不是用直接购买的方式来获取董事会席位,主要有这样几个原因:(1)大部分是个人和私募公司(60 家中的 48 家),所以受到实力上的限制(多数目标公司的规模大于异议公司);

(2)他们不愿改变所占投票权比例;(3)存在接管障碍,如各种反收购安排;(4)代理权争夺有助于接管。

持异议者发起的代理权竞争活动对目标公司股东财富的影响有两个有趣而带普遍性的特点。第一,当持异议者的挑战被现职人员击败时,股东财富会有较大减少,主要原因是经理人员的防卫措施。第二,在整个持异议者活动期间目标公司股东财富平均会增长,主要归功于因此导致出售或清盘的目标公司的股东财富的增长。运用单一要素市场模型和相同权重指数来评估每家公司的股价表现,可以发现,不管竞争的直接结果如何,在活动开始时,股东财富都在增长,而且增幅相似。而伴随这种活动而来的股东财富的全面增长,则大多与这种活动导致的原本有利可图、但受现职人员反对、现在又能进行的目标公司重组和清盘有关系。持异议者进入董事会促使政策变化的收益,大于由此造成的摩擦成本。

虽然发起代理权争夺的持异议者较少能获得董事会的多数控制权(比率只有20%—25%)(DeAngelo and DeAngelo,1994),但是,由于大约有三分之一的样本公司在竞争后的三年内出现了高级管理人员[①]辞职的现象,而且大部分在一年内就出现了,大约有四分之一的样本公司在代理竞争以后不久就被出售或清盘了,而且,特别是,在代理竞争三年以后,只有不到五分之一的样本公司仍然是由原班人马管理的独立的公众持股公司,所以,即便持异议者未能获得董事会多数席位,代理权争夺通常也会导致管理人员辞职。因此,代理权争夺既是公众股东就重大公司政策变动展开表决的论坛,又是为推行这些政策变动而引发管理层变动的工具。

然而,正如有的经济学家指出的,第一,持异议者在承担了揭示公司经营不善的潜在原因的成本的时候,同时也就承担了发起代理权争夺战的成本,而管理改善的收益却以更高股价的形式由全体股东分享,所以这里存在严重的搭便车问题;第二,即使竞争开始,股东也不一定有激励考虑投谁的票,因为他们认为不能左右形势;第三,现职人员可以利用地位和资金优势来进行对抗,所以,代理权竞争可能难以成为约束董事会(进而经营者)的有力工具。

大股东

一般认为,只有持有大股份的投资者才愿意监督监督人(董事会)和发起代理权竞争,所以,股份所有权的集中能影响公司控制和企业的价值。

麻省理工学院的什莱弗和芝加哥大学的维舍尼在他们合作进行的一项研究中(Shleifer and Vishny,1986),引用1980年美国500家最大的工业企业(Fortune 500)的数据②指出:在由其中456家企业构成的样本中,354家企业至少各有一位至少持股5%的股东,只有15家企业的最大股东持股低于企业权益的3%;这456家企业的最大股东的平均持股为15.4%;而5个最大股东的总的平均持股为28.8%。在规模较小的企业中,持股集中度更高。

在这个样本中,大量的大股东是在董事会上有代表的家族(149例),稍次是养老金和利润分享方案(profit-sharing plan)(90例)和金融企业如银行、保险公司或投资基金(117例),最后是在企业没有董事会席位,但持有公司很大股份的家族(100例)。这就是大股东的构成。

这些大股东在约束经理上能发挥重要作用。第一,是监督管理阶层。他们对仅仅为了增长目的进行非营利性增长活动没有兴趣,因为伴随着增长的新的职业机会和更高的薪水是被最高管理阶层而不是被他们得到,而威胁经理们职务的接管却可以使大股东因出售股票而获利。有时,这些股东为了保护自己的利益愿意承担对经理们起诉的成本。如果他们派代表参加董事会,他们也许能够解雇业绩差的经理,而代之以更有作为的经理。从一个高收入的职务(给经理们带来租金的职务)上被解雇的威胁对于企业的优良绩效来说是一个很有效的激励。

在日本,持有一家公司股票以巩固业务关系的其他公司也可以作为监督者,企业的成功对它们来说有很直接、很迫切的利益关系,它们之间的密切关系也便利它们在监督活动中发挥积极作用。在日本,大公司的执行人员成为较小的关系企业的 CEO 这种做法对此也有帮助(青木昌彦,1994)。

第二,是促进接管活动。大股东的出现是接管活动发生的一个必要条件。其持有的股份越多,接管溢价(付给收购股东的超过市场价格的价格)就越低。但是,由于大股东拥有较多的股份,所以,即使利润的增加幅度较小,他也愿意接管。换言之,随着大股东的出现,和他们持有公司股票的比重上升,接管发生的可能性会变大,从而企业股票的价格也就会上升。而且,这种上升更可能也更多地反映在接管前的市场价格上。

第三,是方便第三方的收购。大股东既可以自己充当监督者(monitor)和收购者(bidder),也可以为别人充当监督者和收购者提供激励和降低成本。对于一个在企业中没有初始位置的、信息灵通、想要进行兼并收购的外部人来说,通过与大股东谈判分享来自后者股票价格上升带来的好处,比与小股东谈判收购条件,可能要便利一些。在上面所述样本的 456 家企业中,从 1980 年 1 月到 1984 年 12 月之间,有 52 家或者被管理阶层私人购买,或者被接管。其中,有 24 项交易涉及的企业的最大两位股东中的一位是非经理的大投资者或是非金融企业。

第四,是"讲道理",即通过与在位的管理阶层进行非正式的谈判来实施变革。这通常用于较低价值的改革。它的最大长处,是成本比接管和代理权竞争低。但是,如果发现不用自己的管理队伍就不能克服现任管理人员的问题,就不能增加战略和技术的价值,那么,仅仅讲道理就不够了。而在这种情况下,大股东的地位恰好就是取得控制权的有利条件。

总之,由于大股东拥有足够多的权益,所以对他们来说,进行一些监督管理阶层的活动是值得的。如果接管和改革产生的利润增加足以抵补成本,他们也会努力进行接管和改革。

经验表明,大股东一旦形成,就不会轻易消失。即使他们不再发挥上述作用,他们也会持股到有人接盘为止。因为,如果他们在公开市场上出售股票的话,他们就会失去由可能的接管带来的那部分价值。一旦接管发生,他们可以和新股东分享溢价,所以大股份一般是让渡而不是逐步出售的。大股东偏好和得到的股利,可以看作是他们监督、干预和持有的报酬。

米尔格罗姆和罗伯茨(Milgrom and Roberts,1992)认为,大股东的作用机制有这样几个问题:(1)大机构投资者——养老金、互助基金和保险公司——愿意并能够在多大程度上发挥积极的监督作用。在美国和英国,仅养老金就控制了主要的公开上市公司的30%的股份,在前面谈及的情况中至少有20%的公司所有权集中源于机构持股。经营这些机构的资产组合的专业金融经理们并不一定就是特别能干的、管理阶层的监督者。他们一般避免"干预"公司的管理,如果不满意,就用脚投票。[53](2)他们总愿意进行组合投资,以分散和减少风险。(3)在管理阶层抵制的情况下,一个大股东实际上能实施的影响是有限的。例如,罗斯·佩罗特(Ross Perot)在将 EDS 公司出售给通用汽车公司后成为后者的最大股东和董事会成员。他不断在公司政策上与董事会主席罗杰·史密斯(Rogere Smith)发生冲突,但却无法改变一切,最终只好出售手中的股票。这里涉及的一个看法是,外部人在经理的专用性资本相对少的企业中作为监督人要比在资本大部分是经理专用的企业中更有效。

哈特则进一步指出(Hart,1995b),只要大股东不持有100%的股份,他就不会全力进行监督和干预,其次,他们可能会利用投票权以牺牲小股东利益为代价来改善自己的境况,第三,他们可能与管理层互不相扰,第四,他们可能自己成为管理者,第五,如果是机构,则又有机构内部的委托代理问题发生。

因此,哈罗德·德姆塞茨和肯尼思·莱恩指出,在集中性的净收益高的地方所有权应该集中,而由于第一,在大企业中增加一个人的所有权份额代价更高,第二,一定比例的持股在大企业中要比小企业中有更大的影响,第三,投资者中间的风险厌恶意味着随着企业越来越大,更高的所有权集中程度增加了风险报酬,则所有权应该分散(Demsetz and Lehn,1985)。

接管

发生在公司控制权(corporate control)市场上的接管(takeover)是有利于股东、社会及公司组织的。据 M.C.詹森的研究(Jensen,1988),这个市场1985和1986年每年的交易额约1 800亿美元。比1984年的1 220亿美元的纪录还高出47个百分点。在1986年的3 300宗接管案交易中,40宗属于敌意标购,110宗为协议标购,余下的3 100多宗也是经过管理人员同意后的自愿交易。1977年到1986年的十年间的兼并和收购活动中,售出公司的股东们得益为3 460亿美元(按1986年美元计价),收购公司的股东受益还要再增500亿美元。它们相当于过去十年中整个公司部门总共付给投资者的现金股息的51%。与此相伴随的重整(restructings)对利益相关者产生了重大影响。[54]

接管市场效果的经验证据表明(Jensen and Ruback,1983;Jensen,1984):(1)接管使目标公司的股东们受益。在敌意标购中历史上平均溢价为30%,而近来平均溢价达到约50%。(2)收购公司的股东在敌意标购中平均收益约4%,而在兼并中收益几乎为零。(3)接管并不浪费资源。相反,它产生大量收益:双方公司的总价值都增加8%。它们代表经济效率提高,而不是再分配。(4)经理为消除或阻止收购兼并而采取的行动大多被认为对股东有害。(5)给最高级经理人员的金降落伞(golden parachute)总的来讲并不损害股东利益。(6)接管专家的活动总的来讲使股东获利。(7)兼并和收购活动并没有增加行业集中。

詹森等人认为,公司控制权市场是管理人才市场的一个组成部分,是不同管理队伍竞争公司资源管理权力的场所(Jensen and Ruback, 1983)。技术和市场的变化需要公司适时进行重组,但现有的经理却不愿放弃既定的策略、组织和管理方式,在这种情况下,由有着新商业观点又与现职人员无牵连的人来接管,可能更容易实施转变。而管制的放松、产业结构的调整[55]和融资技术的创新,则为接管和重组活动的增长提供了条件。

关于接管作用的一个有分歧的问题是,它是否造成了:(1)经理短视,即做出低估未来现金流并高估当前现金流的决策,和(2)市场短视,即低估未来现金流并高估当前现金流。詹森认为,前者是可能的,因为在经理不持有其公司股票或是得到报酬时,他们会有激励增加会计收益而非公司价值。但后者却只有反证而没有证据。例如,不同市盈率表明市场不仅以当前收益,而且也以增长定价。股票价格在宣布增加投资支出时上升而在宣布减少支出时下跌,说明市场是重视把当前资源投资于未来的。股票价格在宣布增加研究与开发支出时反应积极,和这种支出增长在时间上与兼并浪潮相一致,说明接管并不减少研究与开发支出。因此,说接管带来短期行为是没有根据的。

公司通过董事会这种内部控制机制,调整不适合的经理。但在大型公司里,这种调整时间太长、代价太高、太笨拙或太没有效率。这时,接管市场就可以自动发生作用。只要接管者能看到机会,他们就可以通过标购夺取公司控制权。他们为此给出的溢价,实际是让渡给投资者的一部分重组收益。而他们自己则获取剩余的那部分增值。因此,虽然从理论上说,同上面说过的这三种机制相比,接管的最大好处是接管者能得到一大笔利益,但是,他们实际能得到多少,还要看股东、经营者和其他竞标者的态度与情况。[56]

有很多不同的因素推动接管活动,如放松管制、协同效应、规模经济、税收、管理竞争水平及市场的全球化。詹森认为,还有一个重要原因是跟经理和股东在闲置现金流支付上的冲突有关的代理成本问题。当这些成本很大时,通过实现接管或威胁接管将降低这些成本。一般认为,如果公司有效率并且以股东财富最大化为目标,它就应该将超过公司所有项目所需资金的闲置现金流支付给股东。这样做减少了经理控制的资源和他们的权力,所以是使他们接受资本市场监督的一种办法。但是,经理有扩大公司的冲动,所以,问题就成了如何激励经理交出现金而不以低于资本成本的方式将它们用于投资或以低效率的方式将其浪费掉。[57]詹森认为,增加债权(包括以债代股)[58],同行业而不是多行业扩展[59],和用现金或债券融资而非股票交换[60],对管理很糟与干得很好但拒绝把大量闲置现金流付给股东的公司完成接管,利于解决这个问题。

接管机制发挥作用的主要问题有两个。一个是搭便车问题(虽然它是为克服其他机制中的搭便车问题而设计的,但它自己也面临只是表现不同的同样问题)。当一个小股东认为他不转让股票不会影响接管结果,同时认为接管成功后企业绩效会随管理改善而提高时,那他就会保留而不是让出他的股票。这样,应该发生的接管就可能因为接管人无利可图而不发生。格罗斯曼和哈特专门研究了克服这个问题的公司章程的最优设计思路。他们认为,只要允许接管人排除少数股东分享接管带来的好处(一种办法是允许成功的接管人以不利于股东的条件将企业的资产或产出出售给接管人拥有的另一家公司,即股东产权的自愿稀释),股东就能克服这个问题(Grossman and Hart, 1990)。

另一个问题是对企业融资与所有权模式的依赖。统计表明,敌意接管在英美引人注目,但在法国却非常少见,而在日本与德国则根本就不曾有过。造成这种差别的原因在于,在法国,存在具有不同投票权的不同类型的股份,在德国,允许企业限制任何一位股东所能拥有的投票权的大小,大部分公司是私人公司,此外,在这两个国家,银行持股都非常显著,并且一般不会出售给敌意接管者。在日本,工业和金融企业约24%的股份由其他与之有商务关系的公司持有(算上投资基金与互助保险公司占70%),它们为了不引起联盟破裂,通常不会将股份转让给接管者,而金融机构传统上对管理层也很友善。因此,接管机制的作用范围还要取决于它所处的环境(Milgrom and Roberts, 1992)。

财务结构

与以往的理论不同,建立在不完全合同基础上的、被哈特称作代理观点和方法的资本结构理论,不是从税收方面(即债券的利息收入相对于红利收入具有税收优势——Modigliani and Miller, 1958, 1963),不对称信息方面(即具有关于企业营利性私人信息的经营者可能更愿发行债券而不是股票——Myers and Majluf, 1984),或不完全市场方面(即企业发行债券是为了完善市场——Stiglitz, 1974)来解释资本结构,而是从公司的经营者与投资者之间的利益冲突方面,来解释企业为什么要发行优先债券以及债务的不及时偿还为什么会导致破产形式的惩罚,换句话说,也就是解释为什么债务对经营者有硬的约束。

这个理论抓住融资合同配置剩余控制权的要害和该控制权的状态

依赖特征,对投资者与代理人之间的关系用这样一种财务合同来规范:代理人向投资者借款,并承诺在某时按某条件作出偿还。如果他作出了这样的偿还,他就能保留资产的控制权;否则,控制权就移交给投资者。这种安排克服了控制权在投资者与经营者之间非此即彼分配的简单、机械、低效的弊端,既能防备投资者随意插手和滥用权力,又能防备经营者攫取投资者的投资收益的机会主义行为。

主要的不完全合同债务理论,首推阿洪-伯尔顿模型(Aghion and Bolton,1992)。这个模型解释了未清偿债务造成控制权的转移,但却没有解释标准债务合同的作用。哈特-莫尔的转移模型,在后一方面取得了进步(Hart and Moore,1989)。在多时期推广和引入不确定性以后(Hart,1995a),它还在着重说明债务水平的同时,探讨了债务清偿路径的期限结构、担保抵押的作用等问题。

对经营者进行激励,如给予他们物质奖励,可以激发他们努力,但是,却不能使他们放弃对他们自己目标(如向自己支付过高的薪水,进行不能盈利但却能加强他们权力的投资,拒绝将权力交给更能经营公司的人和将利润转移到他们控制的其他公司)的追求,因为,他们从后者获得的好处,要远远超过从前者得到的好处。换言之,这种好处是很难收买的,最好的办法是强迫他们交出控制权,从而在根本上遏制或杜绝他们的机会主义倾向。当然,这里也要防止,在他们尚能为投资者提供适切利益的时候,就过早过多过于严厉地干预他们。在资本结构中加入债务,正好是满足这些要求的一个办法。

短期债务的约束作用主要体现在两个方面。一方面是引发清算,如果对投资者来说企业清算价值大于续存价值,就应该进行清算,由于偿还的债务是可证实的,所以优先债务会迫使低效率的企业缩减,想要避免清算的经营者就只有设法提高资产收益。另一方面是通过偿债,挤出企业可能用于不盈利的投资或低效率的扩张的自由现金流。当然,也要注意防止在收益受到不利冲击时,因债务过重而导致低效率清算的弊端。长期债务的约束作用,主要体现在管制新资本的流入上,也就是说,在经营者愿意以任何代价,或者,还不需要以任何代价进行新投资的时候,唯一能阻止他的办法就是使他没有能力筹集到资本。优先长期债务通过抵押部分长期收益来降低经营者依赖现有资产的收益发行债权,以为无利可图的投资筹集资本。当然,如果长期债务过量,就也有阻碍有利可图投资实施之虞。

上述机制,换个角度看,又是经营者的承诺机制,也就是说,通过债务,经营者让投资者相信,他们会很好地经营,不会不当使用利润作无效投资,而会将收益交给投资者。当然,这些机制真正发挥作用,还必须有一种有效率的破产机制进行支持,就是说,在出现违约的时候,通过破产(清算或重组),而给经营者以剥夺或重组控制权的惩罚。

债务融资的一个重要来源是银行,为了保证贷款的安全,银行有监督企业财务的激励,与企业有长期往来关系的"主银行",还会参与企业的治理。另一个来源是债券融资,由于债券持有人对企业信息了解很少,对企业经营很少有发言权,所以他们会在条款中对经营者的行为明确加以限制,比如,不允许他们发行更高或同等优先权的新债。而主要被用于购买专用性资产的长期贷款,则通常要求以这些资产作抵押。因此,债务和破产合同可以作为一种控制机制发挥作用。

对于这些机制的评价,有几点需要强调:(1)它们都有缺陷,谁也不能单独解决问题,但是,尽管都有缺陷,却又都是有用的。(2)它们的运作要有其他经济条件相配合,因此,评价要结合条件。(3)随着条件的逐渐具备,有些机制会发育起来,并发挥作用。

这些机制在长期的发展中,形成了两种典型的类型。一类是以英美为代表的所谓外部体系,另一类是以德日为代表的所谓内部体系。前者的特征是,上市公司在公司总数中占比例比较高,它们由市场得到的资金占其资本金份额的大多数，股权分散，董事会只对股东负责，监管由非执行董事、接管、破产、激励等间接实施。对产品市场、经理市场，特别是资本市场的依赖很强。新古典的股东主权加证券市场理论，认为这种体系是有效率的，因为在其他要素价格由市场竞争决定的情况下，利润从而股价最大化就意味着效率。但是，由于其他要素的企业专用性及价格由非市场竞争决定，以及上面说到的一些缺陷，所以它在理论上和实践上都正受到挑战。

后者的特征是，上市公司数目少，它们由市场得到的资本金也少，绝大多数公司有大股东，即其他公司、机构和家庭拥有相对集中（25%以上）的股权，公司间持股多采取相互持股（如日本）和层层控股（如德国）方式，银行和其他金融机构直接拥有公司资本金，或充当个人投资者的监管和代理人，没有公司控制权市场，大股东直接监管，了解内部信息，有长期行为，比较稳定，董事会同时对股东和其他利益相关者负责。这种体系对产品市场依赖极大，如果缺乏竞争的市场环境，就会出现权力过度集中、偷懒、腐败等问题，引起经营低效率。

这两种体系孰优孰劣，经济学家各有不同意见，但它们既然能分庭抗礼那么久，就不可能没有与各自环境相适应的一面，脱离环境论它们的短长，恐怕并不妥当。梅耶认为，前者主要依靠产品市场竞争，后者主要依靠资本市场竞争（Mayer, 1995）；青木昌彦认为，前者与团队组织结构相适应，后者与层级组织结构相适应（青木昌彦、钱颖一，1995）。这些意见，可供我们在选择和设计机制时参考。但现在的主要问题是，它们在过渡经济中，特别是在中国的经济改革过程中有没有适用性？

从现有的研究看，主导性的意见认为，股东主权加竞争性资本市场的机制在过渡时期特别是它的初始阶段还不具备发挥较大作用的条件。因为外部股东赖以减少代理成本的主要手段，是有效的，能够正确评价公司资产价值和转让公司控制权的竞争性的资本市场和依赖于它的经理市场。而在过渡经济中,这些市场是缺乏的,企业一旦由内部人控制,外部人实际上就很难罢免他们。

与此相比,为使作为大股东的出资人在企业改革中直接发挥作用,内部体系可能先被采纳。特别是银行,由于它在融资和产业结构调整中的作用,由于它在信贷业务中能及时掌握企业的经营状况,所以,如果由它充当股东的话,尽管平时不管事,可一旦发现经营不善的迹象,便可接管控制权。为此,青木昌彦还专门设计了相机治理的银行辛迪加模型。但是,正如他本人所说,这模型的条件在过渡时期难以成立(青木昌彦、钱颖一,1995)。

因此,最好的方案大概就是博采众长。实际情况也确是如此。对于小企业,通过租赁、承包、出售、兼并、合资、股份合作制、破产等办法,比较容易缓解代理问题,所以姑不具论。中外合作合资企业,国资又不控股的,治理结构取决于外方,所以这里也不具论。占主导地位的国有大中型企业目前正在尝试或试图尝试各种治理机制,其现状是:(1)不论是上市公司还是非上市公司,不论是否存在交叉持股,普遍都有国家大股东控股;(2)这个大股东通常是非金融机构投资者,主要是控股公司和国资授权经营的企业集团,因此,其本身也存在委托代理问题;(3)这个大股东对公司资产的控制,从保持距离型到积极干预型不尽相同,跨度很大,但对主要经营者的人事控制却都从不放松;(4)基金持股作为试点,已经出现,银行和其他金融机构未被允许投资企业,但金融改革已大大加快;(5)市场体系的框架已经确立,资本市场和经理市场正在发育、规范;(6)兼并与破产已能依法运作,但规模和作用还十分有限;(7)中介机构已门类齐全,但质量和数量都还不尽如人意;(8)政资、政企分开的同时,政府管制开始加强和规范。这些表明,中国的公司治理结构,现在还在摸索探讨过程之中,最终的定式如何,还难下结论,但有一点是明确的,那就是所有这些努力的出发点、归宿和检验标准,都只是控制内部人控制,以尽可能有效地降低代理成本。

在1995年6月8—9日于北京长城饭店举行的"中国国有企业改革的政策选择"国际研讨会上,世界银行提供了一份题为"改善国有企业的经营——最近的国际经验"的75页长的报告,其中列举了大量国际案例说明,公司制改造是一条正确的道路,此后,重要的问题就是解决公司治理问题,办法是内部激励和外部激励并举,加强监控和发展市场,以此来使所有者对经营者控制,经营者对所有者负责,即,使经营者能够也愿意在市场环境中充分自主地为企业效率和盈利出力。对这里的讨论来说,这无疑也是一个重要的佐证。

注　释

① 参见本书第一章。

② 参见贝克尔:《人力资本》,梁小民译,北京:商务印书馆,1990年。

③ 在巴泽尔看来,即使奴隶,也拥有他人力资本的产权。参见巴泽尔(1997)。

④ 赫尔伯特·西蒙(Simon,1951)和阿罗(Arrow,1974)也提出过类似的观点。

⑤ A.A.阿尔钦和H.登姆塞茨:《生产、信息费用与经济组织》,原载《美国经济评论》1972年6月号。中译文见《财产权利与制度变迁》,刘守英等译,上海:上海三联书店、上海人民出版社,1994年。

⑥ 桑福德·格罗斯曼和奥利弗·哈特:《所有权的成本和收益:纵向一体化和横向一体化的理论》,原载美国芝加哥大学法学院《政治经济学杂志》第94卷第4期,1986年,第691—719页。中译文见《企业制度与市场组织》,上海:上海三联书店、上海人民出版社,1996年。

⑦ 同上注。

⑧ 劳动合同不完全的原因与本书上章第1节所述相同。

⑨ 参见张五常:《企业的契约性质》,原文载美国芝加哥大学法学院《法经济学杂志》1983年4月号,第1—22页。中译文载《企业制度与市场组织》,上海:上海三联书店、上海人民出版社,1996年。

⑩ 参见张维迎:《所有制、治理结构及委托-代理关系——兼评崔之元和周其仁的一些观点》,文载《经济研究》1996年9月号。

⑪ 同注⑨。

⑫ 参见周其仁:《市场里的企业:一个人力资本与非人力资本的特别契约》,文载《经济研究》1996年6月号。

⑬ 转引自芮明杰:《中国:企业兼并的理论与操作》,上海:上海人民出版社,1993年。

⑭ 同上注。

⑮ 除了另加说明,本书在等同的意义上使用产权、所有权、剩余控制权和拥有这样几个概念。

⑯ 这里是对哈特(1995a)一书第2章第2节"正式的合并成本和收益模型"的一个不完全的转述。

⑰ 这个例子很容易改成垂直一体化的情况。

⑱ 值得注意的是,如果双方的人力资本都是必需的话,结论不是应该双方分享所有权,而是所有权结构因此变得无关紧要,因为在这种情况下,任何一方都只有与对方达成协议,他的投资才会有回报。

⑲ 这几个原则的严格而又简单的证明,可参见哈特(Hart, 1995a),或者,哈特与莫尔(Hart and Moore, 1990)。

⑳ 1966年,勒纳(R.Lerner)在他发表在《美国经济评论》56卷上的《1929年和1963年最大200家非金融公司的控制权和所有权》一文中,公布了他新的调查结果:经营者控制的公司资产的比例,已经上升到了85%。有钱的家庭不再只在他们担当董事的单个公司中持有财富,而是将它们分散地投入到许多资产中去。有研究认为,这场两权分离的"经理革命"在美国经历了30年才趋于完成。贝利-米恩斯提出的假说,至此受到人们普遍重视。参见张军:《现代公司的理论与经验》,上海:上海译文出版社,1996年。

㉑ 就像通常所说,认识是螺旋式发展的,我们在下面将在不完全合同与产权观点的分析框架下重新考察股东的最终控制者地位与作用。

㉒ 本书第二章已经讨论过这个问题。

㉓ 董辅礽、唐宗焜:《中国国有企业制度变化研究》,北京:人民出版社,1995年;《从计划到市场》,世界银行研究报告,1992年。

㉔ 《中国经济年鉴1994》;青木昌彦、钱颖一(1995)。

㉕ 林毅夫等:《国有企业改革的核心是创造竞争环境》,文载《改革》杂志1995年第3期。

㉖ 张春霖:《从融资角度分析国有企业的治理结构》,文载《改革》1995年

㉗　张承耀:《"内部人控制"问题与中国企业改革》,同上。

㉘　刘楠、王金存:《"政企分开"治标害本》,《经济学消息报》1996年1月19日。

㉙　*The New Palgrave Dictionary of Money & Finance*, ed. by Peter Newman, Murray Milgate, John Eatwell, The Macmillan Press Limited, 1994.

㉚　Blair, Margaret M., *Ownership and Control—Rethinking Corporate Governance for the Twenty-First Century*, The Brookings Institution, Washington, D.C., 1995. 而广义的定义则包括这里说到的一切,例如破产、接管、激励报酬等。

㉛　参见埃瑞克·伯格洛夫:《转轨经济中的公司治理结构:理论及其政策含义》。文载《转轨经济中的公司治理结构》,北京:中国经济出版社,1995年。

㉜　米勒,M.H.:《治理公司的两种策略》,文载《中国国有企业改革》,北京:中国经济出版社,1996年。

㉝　同上。

㉞　布莱尔,马格利特·M.:《共同的"所有权"》,凯·约翰和A.西尔伯斯通:《关于"利益相关者"的讨论》,文载《经济社会体制比较》1996年第3期。

㉟　崔之元:《美国二十九个州公司法变革的理论背景》,《经济研究》1996年第4期。

㊱　同上。

㊲　同注㉞。

㊳　同上。

㊴　奥利弗·哈特在多伦多大学法律杂志上发表的《一个经济学家对信托责任的看法》一文中认为,这些论点的力量因情况而异,设法找到适合于所有情况的好规则,似乎是徒劳的。较好的办法是将对股东负责作为一般态度,同时容许企业采取不同的变通规则。

㊵　作为董事,他由股东选举产生,作为执行人员,他又是雇员,和公司签有雇佣合同。大公司的执行委员会由其最重要的董事与最高级管理人员组成。它和董事会在人员组成上是交叉的。

㊶　他们常常就是其他公司的执行人员。容纳外部董事是为了监督和保证执行董事不会把公司作为自己的私人财产。

㊷　尽管如此,他们也必须和其他董事一样,全心全意为公司整体的最佳利益服务。

㊸　它们认为外部董事对企业了解不多,不会对公司文化和组织的复杂性及人际关系有足够的敏感性,甚至可能破坏公司的内外结构,打破多年来创造

的平衡与谐和。

㊹ 它的一般结构是：名誉主席、董事会主席、主席和执行官、总裁、代表董事、执行副总裁、高级管理董事、管理董事、董事和法定审计师。

㊺ 如母公司任命自己的部门经理到子公司担任董事，上下游公司互派经理人员到对方担任董事。再就是有密切财务关系的公司如主银行的退休执行人员到公司担任咨询角色的董事。

㊻ 即使在所有权与经营权分离的情况下，日本公司的董事会也基本由执行人员构成。造成这种结果的一个原因，似乎与日本公司文化的一个独特特征即一致同意的决策方式有关。决策在冗长的讨论过程（这一过程通常有最下层的雇员参与）后达成。谈判、再思考和影响活动遍及整个企业，直至一致同意的方案出现，待最高管理阶层批准。在这种执行结构中，外部董事是没有一席之地的。而另一个原因则似乎在于，日本公司的董事会没有遇到来自机构投资者和其他人引进独立外部董事来监督执行人员绩效的压力，也没有外部利益集团要求参与董事会。

㊼ 对于一个董事会来说，要制定的战略应该包括：(1)公司将在哪些领域进行竞争？公司现在和未来的核心企业是什么？公司将如何发展和扩张，是否要进入新的行业或新的区域？(2)与现在和未来应该进入的每一个领域中的竞争对手相比，公司擅长什么或应该擅长什么，即核心竞争力何在？这一竞争力是建立在什么因素（技术、低成本、杰出的品牌等）之上的？(3)公司的财务指标是和应该是什么？什么样的规模、范围、增长率、风险和收益是最优的？正确的战略制定应该建立在对企业所处行业的实际分析上，和对现有的与潜在的竞争对手的状况，对公司拥有的优势和如何利用与保护这些优势，以及公司的发展方向的正确理解之上。

㊽ 政策制定是战略制定过程的自然的、短期的延伸。在公司达成的战略方向的框架下，具体的政策、计划和程序既可能也需要加以确定。这些内容，常常是在管理层建议的框架下进行讨论的。关于资本投资项目、收购和撤资机会、融资方案选择、重要的管理和组织开发政策和正常的年度预算方案等，具体的提议都要呈送给董事会。对于这些决策，董事会的态度可以是消极地接受管理层的提议，也可以是过度介入到管理阶层的权限范围之内，或者，是其间的某种平衡。

㊾ 对管理层成功监督的关键，是建立一个可靠和及时的绩效测定体系，这体系为董事会和管理阶层双方认可。其内容包括：(1)财务绩效，如收入、成本和利润水平，现金流、支出和借贷，资产与股东资金的收益等；(2)市场绩效，如市场份额、价格变化、消费者满意程度等；(3)产品与服务绩效，如产品开发、

分配与服务等;(4)技术绩效,它贯穿供、产、销全过程,如信息技术等;(5)管理与组织绩效,如有效的管理信息和控制系统。对于这个测定体系来说,一个以图表和数字形式提供的及时、准确、能反映趋势的数据的管理信息系统是最基本的条件。

(50) 如指出收益率降低,账面亏损,股本回报率较低,市场价值与账面价值的比率较低,和公司股价下挫等。

(51) 指首席行政官、董事长及总裁。

(52) CDE Stock Owernship Directory:Fortune 500,Compiled for December 1980.

(53) 这种情况正在改变。

(54) 重整包括为适应新市场条件作出的重大组织变动(如公司战略转移)、对债务的增加使用及重新签订与经理、雇员、供应商及客户之间的一系列合同。这些活动有时是增加对某些领域的资源投入,而其他时候则是收缩业务,包括关闭工厂、解雇高中层经理及办公室人员与生产线上的工人和减少报酬。

(55) 例如,比起让一个行业因负担过重而出现无秩序的、花费巨大的破产来说,通过兼并而让资源有序撤出和变现,可能代价更低。

(56) 哈特(Hart,1995b)认为,由接管带来的管理变化,会使公司价值从接管前的 v 变成接管后的 $v+g$。按 v 买下公司的接管者可以获得接管和改善管理带来的全部增值 g。但是,由于小股东的搭便车行为(他们认为不出售自己那一点股份以分享 g 不会影响收购成功)、其他投标人和少数股东的竞争及管理层的不合作和反收购,会使接管者利润下降,甚至退出收购。

(57) 美国石油行业 80 年代通过接管实现收缩是很好的事例。当时,该行业平均生产效率上升,边际生产效率下降,造成高利润和行业收缩并存的局面。管理人员没把多余的资源支付给股东,而是继续进行投资。结果,华尔街的石油价格低于油田的开采价格,最后,借助接管的行业兼并才解决了这个矛盾(股东得到收益,投资能力下降,效率提高)。

(58) 可以看作是经理人员支付未来现金流的承诺。

(59) 有借款能力和闲置资金的经理更有可能参与低利润甚至损害公司价值的兼并(如多样化计划,通常,非相关行业的收购很有可能降低生产效率,虽然买卖双方的总收益为正值,表明减少内部扩展的资源浪费的效应还是大于负的生产效率效应)。因此,收购既可以是闲置现金流的代理成本问题的一种解决方式,也可以是它的一种表现方式。

(60) 后者无助于克服公司的财务松散,因此不能促使经理更有效率地使用资源。

参 考 文 献

Aghion, P. and P. Bolton, 1992, "An 'Incomplete Contracts' Approach to Financial Contracting", *Review of Economic Studies*, 59.

Arrow, K. J. and G. Debreu, 1954, "Existence of an Equilibrium for a Competitive Economy", *Econometrica* 22.

Arrow, K.J., 1974, *The Limits of Organization*, New York: Norton.

Becker, G.S., 1962, "Irrational Behavior and Economic Theory", *Journal of Political Economy*, 70: 1—13.

Berle, A.A. and G.C. Means, 1932, *The Modern Corporation and Private Property*, Harcour, Brace and World, Inc., New York: revised edition, 1967.

Blair, Margaret M., "Ownership and Control—Rethinking Corporate Governance for the Twenty First Century", The Brookings Institution, Washington, D.C., 1995.

Black, F. and M. Scholes, 1973, "The Pricing of Options and Corporate liabilities", *Journal of Political Economy*, 81, no.3, 637—654.

Chandler, A.D., 1990, *Scale and Scope: The Dynamics of Industrial Capitalism*, Cambridge, Mass: Harvard University Press.

Coase, R.H., 1959, "The Federal Communications Commission", *The Journal of Law and Economics*, 10.

Coase, R.H., 1960, "The Problem of Social Cost", *The Journal of Law and Economics*, 3, October.

Coase, R H., 1937, "The Nature of the Firm", *Economica* 4.

Cornes, Richard, 1986, *The Theory of Externalities, Public Goods, and Club Goods*, Cambridge University Press.

DeAngelo, Harry and Linda DeAngelo, 1994, "Proxy Contests and the Governance of Publicly Held Coporations", *Reading in Mergers and Acquisition*, Basil Blackwell.

Demsetz, Harold and Kenneth Lehn, 1985, "The Structure of Corporate Ownership: Causes and Consequences", *Journal of Political Economy*, Dec..

Demsetz, Harold, 1988, *Ownership, Control, and the Firm* (*The Organization of Economic Activity*, vol.1), Basil Blackwell.

Grossman, S. and O. Hart, 1986, "The Costs and Benefits of Ownership: A Theory of Vertical and Lateral Integration", *Journal of Political Economy*, 94.

Grossman, S. and O. Hart, 1990, "Takeover Bids, the Free-rider Problem, and the Theory of the Corporation", *Bell Journal of Economics*, vol.11.

Hammerstein, Peter and Reinhard Selten, 1994, "Game Theory and Evolutionary Biology", in Aumann, Robert J. and Sergiu Hart (eds), *Handbook of Game Theory with Economic Application*, vol.2, *Handbook in Economics*, no.11, 937—986, Amsterdam: North-Holland.

Hardin, G., 1968, "The Tragedy of the Commons", *Science*, 162.

Hart, O., 1988, "Incomplete Contracts and the Theory of the Firm", *Journal of Law, Economics and Organization*, 4.

Hart, O. and B. Homstrom, 1987, *The Theory of Contracts*, Cambridge: Cambridge University Press.

Hart, O. and J. Moore, 1988, "Imcomplete Contracts and Renegotiation", *Econometrica*, 56: 755—786.

Hart, O. and J. Moore, 1989, "Default and Renegotiation: A Dynamic Model of Debt", MIT Working Paper, no.520.

Hart, O. and J. Moore, 1990, "Property Rights and the Nature of the Firm", *Journal of Political Economy*, 98.

Hart, O., 1995a, *Firms, Contracts, and Financial Structure*, Oxford: Clarendon Press.

Hart, O., 1995b, "Corporate Governance: Theory and Implication", *Economics of Journal*, no.3.

Hayek, F. A. Von., 1984, *Money, Capital, and Fluctuations: Essays*, ed. R. Mc Cloughry, University of Chicago Press.

Holmstrom, B., 1982, "Moral Hazard in Team", *Bell Journal of Economics*, 13.

Holmstrom, B., and Tirole, J., 1989, "The Theory of the Firm", In R. Schmalensee and R. D. Willing (eds.), *Handbook of Industrial Organization*, vol.1, *Handbooks in Economics*, no.10, Amsterdam: North-Holland.

Jensen, M. and Richard Ruback., 1983, "The Market for Corporate Control", *Journal of Financial Economics*.

Jensen, M., 1988, "Takeovers: Their Causes and Consequences," *Journal of Economic Perspectives*, 2 (Winter 1988).

Jensen, M., 1984, "Takeovers: Folklore and Science", *Harvard Business Review* (Nov.—Dec.).
Jensen, M. and W. Meckling, 1976, "Theory of the Firm: Managerial Behavior, Agency Costs and Ownership Structure", *Journal of Financial Economics* 3.
Joskow, Paul, 1985, "Vertical Integration and Long Term Contracts: The Case of Coal-Burning Electric Generating Plants", *Journal of Law, Economics, and Organization*, 1(Spring).
Jozef Mo. Van Brabant, 1992, *Privatizing Eastern Europe—The Role of Markets and Ownership in the Transition*, Kluwer Academic Publishers.
Klein, Crawford, and Alchian, 1978, "Vertical Integration, Appropriable Rents, and the Competitive Contracting Process", *Journal of Law and Economics*, 21.
Knight, F. H., 1965, *Risk, Uncertainty, and Profit*, New York: Harper & Row.
Koopmans, Tjallig, 1957, *Three Essays on the State of Economic Science*, New York: McGrawHill.
Kreps, D., 1990a, "Corporate Culture and Economic Theory", In J. Alt and K. Shepsle (eds.), *Perspectives on Positive Political Economy*, Cambridge: Cambridge University Press.
Kreps, David, 1990b, *A Course in Microeconomics Theory*, Princeton University Press.
Macneil, I. R., 1974, *The Many Future of Contract*, 47, S. Col. L. Rev..
——, 1978, *The Many Future of Contracts*; id., *Contracts: Adjustment of Long-Term Economic Relations under Classical, Neoclassical, and Relational Contract Law*, 72, Nw. U. L. Rev.
Maskin, Eric and Jean Tirole, 1996, "Unforeseen Contingencies, Property Rights, and Incomplete Contracts", mimeo, International Conference on Theory of the Firm and China's Economic Reform, Beijing, June, 17.
Mayer, Colin, 1995, "Corporate Governance Market and Transition Economics", For Presentation at the International Conference on Chinese Corporate Governance, Shanghai, October.
Milgrom, Paul and John Roberts, 1992, *Economics, Organization and Management*, Englewood Cliffs, N.J.: Prentice Hall.
Modigliani, F. and M. h. Miller, 1958, "The Cost of Capital, Corportion Finance, and the Theory of Investment", *American Economic Review*, June 1958.
Modigliani, F. and M. H. Miller, 1963, "Corporate Income Taxes and the Cost of Capital: A Correction", *American Economic Review*, June.

Myers, S., and N. Majluf, 1984, "Corporate Financing and Investment Decisons when Firms Have Information that Investors Do Not Have", *Joural of Financial Economics*, 13.

North, Douglass C., 1981, *Structure and Change in Economic History*, New York: Norton.

Ostrom, Elinor, 1990, *Governing the Commons*, Cambridge: Cambridge University Press.

Pigou, 1932, *The Economics of Welfare*, Macmillan & Co.

Qian, Yingyi, 1995, "Enterprise Reform in China: Agency Problem and Political Control", mimeo, September.

Samuelson, P.A., 1954, "The Pure Theory of Public Expenditure", *Review of Economics and Statistics*, 17.

Shleifer, Andrei and Robert W. Vishny, 1986, "Large Shareholders and Corporate Control", *Journal of Political Economy*, vol.94, no.3.

Shleifer, Andrei, 1994, "Establishing Property Rights", Proceeding of the World Bank Annual Conference on Development Economics.

Simon, H., 1951, "A Formal Theory of the Employment Relationship", *Econometrica*, 19.

Stigler, G., 1966, *The Theory of Price*, Macmillan Publishing co., Inc., New York.

Stiglitz, J., 1974, "On the Irrelevance of Coperate Financial Policy", *American Economic Review*, 64(6).

Telser, Lester G. and Harlow N. Higinbotham, 1977, "Organized Futures Markets: Costs and Benefits", 85, J.Pol.Econ.

Tirole, J. 1988, *The Theory of Industrial Organization*, Cambridge: MIT Press.

Williamson, Oliver, 1975, *Markets and Hierarchies*, *Analysis and Antitrust Implications*, The Free Press.

Williamson, Oliver, 1985, *The Economic Institutions of Capitalism*, New York: Free Press.

Yricher, Robert I., 1994, *International Corporate Governance: Text, Reading and Cases*, Prentice Hall.

阿尔钦,A.A.和 H.德姆塞茨:《生产、信息费用与经济组织》,文载《财产权利与制度变迁》,刘守英等译,上海:上海三联书店、上海人民出版社,1994年。

巴泽尔:《产权的经济分析》,费方域、段毅才译,上海:上海三联书店、上海人民出版社,1997年。

贝克尔:《人力资本》,梁小民译,北京:北京大学出版社,1990年。

伯格格夫,埃瑞克:《转轨经济中的公司治理结构:理论及其政策含义》,文载《转轨经济中的公司治理结构》。

布莱尔,马格利特·M.:《共同的"所有权"》,文载《经济社会体制比较》1996年第3期。

崔之元:《美国二十九个州公司法变革的理论背景》,文载《经济研究》1996年第4期。

董辅礽、唐宗焜:《中国国有企业制度变化研究》,北京:人民出版社,1995年。

范里安,H.:《微观经济学:现代观点》,上海:上海三联书店、上海人民出版社,1994年。

费方域:《交易、合同关系的治理和企业——威廉姆森交易成本经济学述评之二》,文载《外国经济与管理》1996年第6期。

富鲁布顿,E.G.和S.裴约维契:《产权与经济理论:近期文献的一个综述》,转引自《财产权利与制度变迁》,费方域等译,上海:上海三联书店、上海人民出版社,1994年。

高鸿业、吴易风、杨德明:《中国经济体制改革和西方经济学研究》,北京:中国经济出版社,1996年。

赫伯特·西蒙:《管理行为——管理组织决策过程的研究》,杨砾等译,北京:北京经济学院出版社,1988年。

凯·约翰和A.西尔伯斯通:《关于"利益相关者"的讨论》,文载《经济社会体制比较》1996年第3期。

林毅夫等:《充分信息与国有企业改革》,上海:上海三联书店、上海人民出版社,1997年。

林毅夫等:《国有企业改革的核心是创造竞争环境》,文载《改革》杂志1995年第3期。

刘楠、王金存:《"政企分开"治标害本》,文载《经济学消息报》1996年1月19日。

罗伯特·考特和托马斯·尤伦:《法和经济学》,张军等译,上海:上海三联书店,1991年。

米勒,M.H.:《治理公司的两种策略》,文载《中国国有企业改革》,北京:中国经济出版社,1996年。

南岭:《现代公司成长·权利结构与制衡》,北京:中国经济出版社,1994年。

平新乔:《财政原理与比较财政制度》,上海三联书店、上海人民出版社,1994年。

钱德勒,小艾尔弗雷德·D.:《看得见的手——美国企业的管理革命》,董武译,北京:商务印书馆,1987年。

青木昌彦、钱颖一:《转轨经济中的公司治理结构》,北京:中国经济出版社,1995年。

青木昌彦:《日本经济中的信息、激励与谈判》,朱泱、汪同三译,北京:商务印书馆,1994年。

桑福德·格罗斯曼和奥利弗·哈特:《所有权的成本和收益:纵向一体化和横向一体化的理论》,原载美国芝加哥大学法学院《政治经济学杂志》第94卷第4期,1986年。中译文见《企业制度与市场组织》,上海:上海三联书店、上海人民出版社,1996年。

吴敬琏:《市场经济的培育和发展》,北京:中国发展出版社,1993年。

吴敬琏:《现代公司与企业改革》,天津人民出版社,1994年。

肖耿:《产权与中国的经济改革》,北京:中国社会科学出版社,1997年。

张承耀:《"内部人控制"问题与中国企业改革》,文载《改革》1995年第3期。

张春霖:《从融资角度分析国有企业的治理结构》,文载《改革》1995年第3期。

张维迎,1996a:《博弈论与信息经济学》,上海:上海三联书店、上海人民出版社,1996年。

张维迎,1996b:《所有制、治理结构及委托-代理关系——兼评崔之元和周其仁的一些观点》,文载《经济研究》1996年9月号。

张五常:《企业的契约性质》,原载美国芝加哥大学法学院《法和经济学杂志》1983年4月号,中译文载《企业制度与市场组织》,上海:上海三联书店、上海人民出版社,1996年。

周其仁:《市场里的企业:一个人力资本与非人力资本的特别契约》,文载《经济研究》1996年6月号。

朱东平:《从现代企业理论看所有制与效率》,上海:上海财经大学出版社,1995年。

《从计划到市场》,世界银行研究报告,1992年。

《新帕尔格雷夫经济学大辞典》,第三卷,北京:经济科学出版社,1992年。